엔트리로 시작하는 코딩 첫걸음

Why? 코딩 워크북

❺ 햄스터로봇

Why? 코딩 워크북 ❺ 햄스터로봇

2016년 12월 15일 1판 1쇄 발행 | 2023년 5월 30일 1판 10쇄 발행

글 천대건 **그림** 이영호 **감수** 송상수
펴낸이 나춘호 **펴낸곳** (주)예림당
등록 제2013-000041호 **주소** 서울시 성동구 아차산로 153
구매 문의 전화 561-9007 **팩스** 562-9007
책 내용 문의 전화 3404-9245
http://www.yearim.kr

책임개발 박효정 / 서인하 **편집** 전윤경 **디자인** 이정애 / 강임희 김지은 백지현
콘텐츠제휴 문하영 / 박정현 **제작** 신상덕 / 박경식 **마케팅** 임상호 전훈승

ⓒ 2023 초등컴퓨팅교사협회 예림당

ISBN 978-89-302-3055-1 74400
ISBN 978-89-302-3050-6 74400 (세트)

* 이 도서에는 아모레퍼시픽에서 제공한 아리따글꼴이 적용되어 있습니다.

이 책은 저작권법에 따라 보호받는 저작물이므로 무단 전재와 무단 복제를 금합니다.
이 책의 표지 이미지나 내용 일부를 사용하려면 반드시 (주)예림당의 서면 동의를 받아야 합니다.

어린이제품 안전특별법에 의한 제품 표시사항
제품명 | 도서   제조자명 | (주)예림당   제조국명 | 대한민국   전화번호 | 02)566-1004
주소 | 서울시 성동구 아차산로 153   제조년월 | 발행일 참조   사용연령 | 8세 이상

주의! 책의 모서리가 날카로우니, 던지거나 떨어뜨려 다치지 않도록 주의하세요.

엔트리로 시작하는 코딩 첫걸음

Why? 코딩 워크북

글 천대건(초등컴퓨팅교사협회) 그림 이영호 감수 송상수(엔트리교육연구소)

⑤ 햄스터로봇

들어가는 말

생각하는 힘을 키우는 즐거운 코딩!

여러분은 '소프트웨어'라는 말을 들어 본 적 있나요? 우리 생활을 편리하게 해 주는 컴퓨터나 스마트폰 같은 전자 기기는 모두 소프트웨어로 작동합니다. 소프트웨어가 없다면 컴퓨터는 그저 비싼 깡통에 불과합니다. 그만큼 소프트웨어가 중요하다는 말이지요. 앞으로 인공 지능과 로봇, IoT(사물인터넷) 등이 발전하면서 우리 생활에서 소프트웨어는 한층 더 중요하게 자리 잡게 될 것입니다.

이와 발맞추어 2019년에는 초등학교에서 의무적으로 SW(소프트웨어)교육을 할 예정에 있습니다. 수업 시간에 아이들 스스로 프로그램을 만들어 보는 것입니다. SW교육은 그저 컴퓨터 프로그램을 만드는 기술을 가르치는 것이 아닙니다. 어떤 프로그램을 어떻게 만들지 구상하며 창의력을, 컴퓨터가 명령어를 실행할 수 있도록 논리적으로 코딩하는 과정을 통해 컴퓨팅 사고력을, 문제에 맞닥뜨렸을 때 이를 해결해 나가는 과정을 통해 문제 해결력을 키울 수 있습니다.

직접 컴퓨터 프로그램을 만든다? 왠지 어려울 것 같다고요? 그렇지 않습니다. 쉽게 코딩을 할 수 있게 도와주는 마법 같은 프로그래밍 언어, 엔트리가 있으니까요. 엔트리는 그동안 사용해 왔던 복잡하고 어려운 컴퓨터 언어 대신 블록 형태로 되어 있어 장난감 블록을 끼워 맞추듯 명령어를 조립하면 프로그램을 만들 수 있습니다.

컴퓨터로 프로그램 만드는걸 코딩이라고 해요.

엔트리를 이용하면 좋아하는 동화를 애니메이션으로 만들 수도 있고, 내가 원하는 대로 게임을 만들 수도 있습니다. 식물의 성장 과정을 알려 주는 교육 프로그램도, 도난 방지 프로그램도 만들 수 있지요. 또한 로봇과 같은 하드웨어를 연결해 내가 직접 움직여 볼 수도 있습니다.

내가 상상한 대로 프로그램을 만들고 직접 실행시켜 보는 것은 아주 중요하고 특별한 경험이 될 것입니다. 이제 <Why? 코딩 워크북> 시리즈로 즐겁게 코딩을 시작해 보세요! 하나씩 따라 하며 코딩을 이해하다 보면 어느새 코딩 자신감이 쑥쑥 자라날 것입니다.

저자 소개

초등컴퓨팅교사협회는 다방면에서 SW교육을 실천하고 있는 선생님들의 모임입니다. SW교육을 위한 교사 및 학생 연수를 주최하고, <EBS 소프트웨어야 놀자 1, 2> 제작에 참여했습니다. SW교육 관련 국제 교류 사업 및 SW교육 연계 로봇 페스티벌 등 다양한 기획을 추진 중에 있습니다.

이 책을 쓰신 **천대건 선생님**은 경인교육대학교에서 초등수학교육을 전공하고, 현재 경기도 내 초등학교에 재직 중입니다. SW교육이 세상을 보는 시야를 넓혀 주는 역할을 하길 바라며 아이들을 열심히 지도하고 있습니다. 대표 저서로는 <버그마왕과 엔트리 월드의 위기> <소프트웨어와 함께하는 창의력 여행> <엔트리X비트브릭과 함께하는 SW 여행> 등이 있습니다.

이 책을 감수하신 **송상수 연구원**은 엔트리교육연구소 수석연구원으로, <EBS 소프트웨어야 놀자> 방송 기획·강의, 교육부 SW교육 선도교원 연수 교재 집필·강의, 교육부 SW교육 원격연수 개발, EBS 소프트웨어 교육 원격연수 개발·강의, <소프트웨어야 놀자> 교사용 지도서 집필 등 SW교육과 관련된 다양한 활동을 하고 있습니다.

이 책의 특징

얘들아, 시작해 볼까?

이 책은 크게 5단계로 구성되어 있습니다.
순서대로 따라 하기만 하면 코딩의 원리를 배우고,
뚝딱뚝딱 쉽게 프로그램을 완성할 수 있지요.
꼼지, 엄지, 박사님, 엔트리봇과 함께 차근차근 따라 해
보세요. 스스로 생각하며 프로그램을 만들어
보는 사이, 코딩 실력이 쑥쑥 늘어날 것입니다.

박사님

엔트리봇

코딩 시작!

꼼지

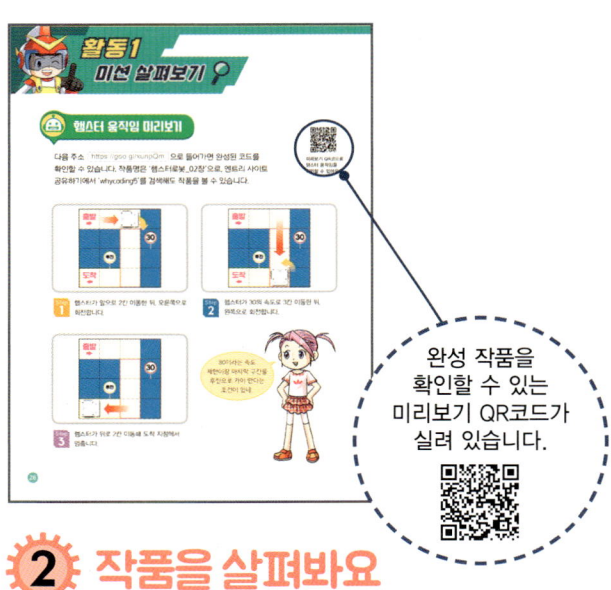

완성 작품을
확인할 수 있는
미리보기 QR코드가
실려 있습니다.

1 만화를 읽어요

각 장 첫 페이지에 도입 만화가
있습니다. 만화를 통해 각 장에서
배울 원리를 살짝 엿볼 수 있습니다.

2 작품을 살펴봐요

〈활동1〉에서 완성 작품을 미리 살펴보며
어떤 오브젝트가 필요한지, 어떤 식으로
코딩할지 생각해 봅니다.

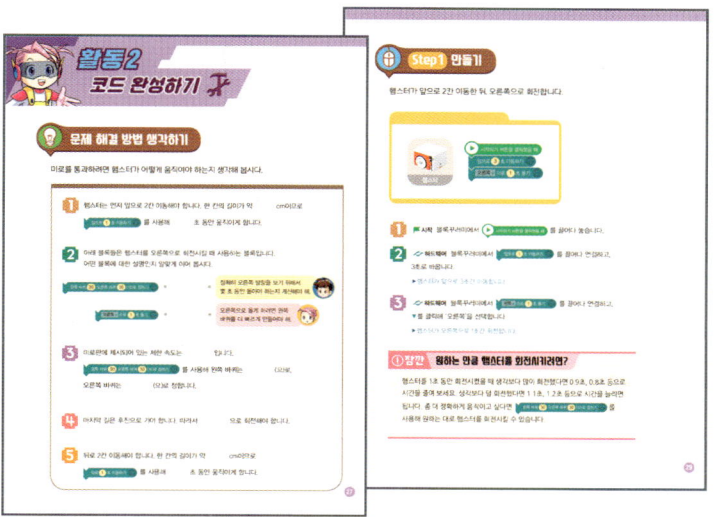

3 코드를 만들어요

〈활동2〉에서 직접 코딩해 봅니다.
하나하나 그대로 따라 하면 누구나
쉽게 코드를 완성할 수 있습니다.
중요한 원리는 팁박스로 따로
설명되어 있습니다.

미션을 해결하면
코딩 실력이 한 단계
업그레이드
될 거예요!

엄지

4 코드를 확인해요

전체 코드를 한눈에 보면서 제대로
코딩했는지 확인합니다.

5 미션에 도전해요

각 장의 마지막에는 〈코딩, Level Up!〉
미션이 있습니다. 앞에서 배웠던 원리를
참고로 직접 미션을 해결해 봅니다.

※ 이 책의 활동을 위해서는 〈햄스터로봇〉이 필요합니다. (별매)

목차

1장 귀여운 로봇, 햄스터 — 11
코딩 Level Up! — 24

2장 요리조리 햄스터 — 25
전체 코드 확인하기 — 33
코딩 Level Up! — 34

3장 자동차가 된 햄스터 — 35
전체 코드 확인하기 — 43
코딩 Level Up! — 44

4장 햄스터와 축구하기 — 45
전체 코드 확인하기 — 55
코딩 Level Up! — 56

5장 햄스터와 암호 편지 — 57

전체 코드 확인하기 — 67
코딩 Level Up! — 68

6장 도난 방지 장치 만들기 — 69

전체 코드 확인하기 — 77
코딩 Level Up! — 78

7장 떨어지지 않는 햄스터 — 79

전체 코드 확인하기 — 86
코딩 Level Up! — 90

8장 장애물을 피해 가는 햄스터 — 91

전체 코드 확인하기 — 99
코딩 Level Up! — 100

코딩 Level Up! 정답 페이지 — 101

세상의 모든 것을
변화시킬 수 있는
코딩의 세계로
떠날 준비됐나요?

1장
귀여운 로봇, 햄스터

햄스터는 엔트리로 코딩해서 움직일 수 있는 로봇이에요.
작고 귀여운 햄스터 로봇에 대해 좀 더 알아볼까요?

잠깐! 햄스터는 어떤 로봇일까요?

햄스터는 전체적으로 네모난 모양에 바퀴가 달려 있는 귀여운 모양의 코딩 교육용 로봇입니다. 크기는 3~4센티미터로 조금 작아도 스피커, 센서, LED 등 여러 장치가 있어 다양한 활동을 할 수 있습니다.

전원 스위치
전원을 켜고 끕니다.
스위치를 위로 올리면 켜지고,
아래로 내리면 꺼집니다.

바퀴
양쪽에 바퀴가 2개 있습니다.
뒤로도 이동할 수 있습니다.

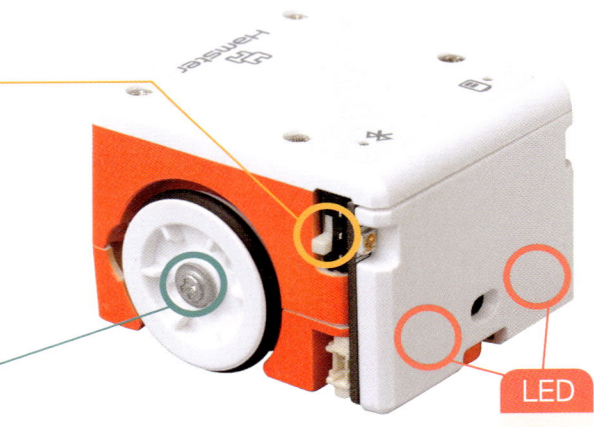

LED
여러 가지 색깔의 빛을 낼 수 있는 LED가 있습니다.

블루투스 표시등
블루투스가 연결되면 파랗게 깜박입니다. 천천히 깜박이면 아직 연결이 안 된 것이고, 빠르게 깜박이면 연결이 된 것입니다.

배터리 표시등
배터리가 부족하면 표시등이 빨갛게 깜박입니다. 충전 단자를 연결했을 때 빨간색이면 충전 중임을 뜻합니다. 충전이 완료되면 꺼집니다.

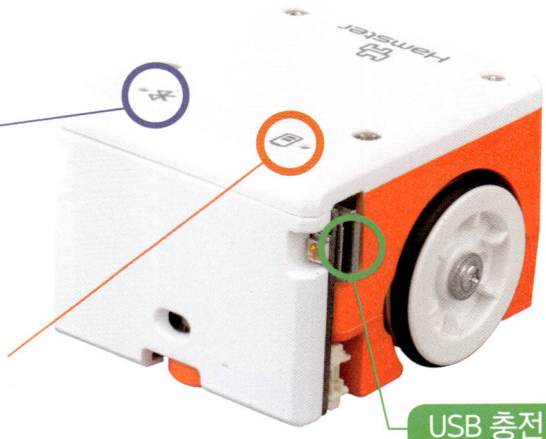

USB 충전 단자
일반 핸드폰 충전기를 사용하거나 USB를 연결해 충전할 수 있습니다.

바닥 센서

바닥에 밝기를 탐지하는 센서가 있습니다. 검은 선을 따라가거나 낭떠러지를 탐지할 때 이 센서를 이용합니다.

햄스터는 똑같은 수치를 입력해도 기기마다 이동 거리, 회전 각도 등 실제 움직임이 차이가 납니다. 앞으로 햄스터를 코딩할 때 이 점을 꼭! 염두에 두세요.

근접 센서

앞에 있는 물체와의 거리를 탐지하는 센서입니다. 이 센서를 이용하면 물체가 가까이 있을 때 멈추거나 회전하는 등의 코딩을 할 수 있습니다.

스피커

내부에 스피커가 있습니다. 박자와 음을 정해 주면 음악도 연주할 수 있습니다.

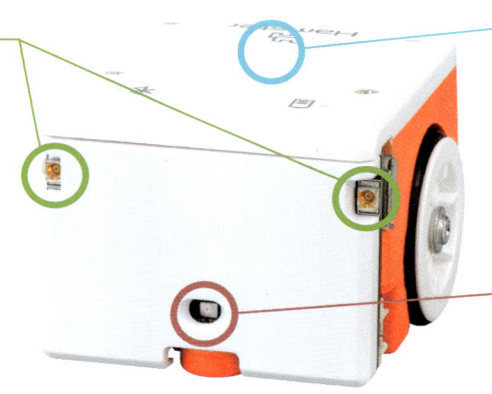

밝기 센서 (조도 센서)

햄스터가 있는 곳의 밝기를 탐지할 수 있습니다.

동글

햄스터와 컴퓨터를 연결해 주는 블루투스 장치입니다. 엔트리로 햄스터를 움직이려면 동글을 컴퓨터에 연결해야 합니다. 이곳에 파란색 불이 천천히 깜박이면 햄스터를 찾는 중이고, 빠르게 깜박이면 햄스터와 연결이 되었다는 뜻입니다.

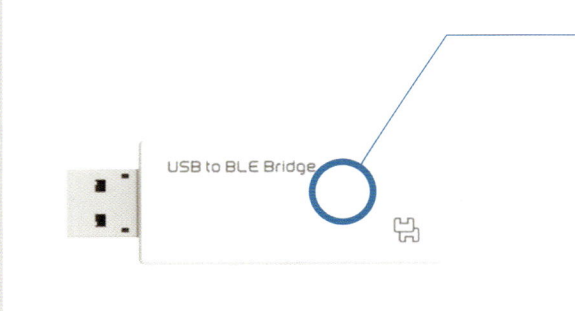

※〈햄스터로봇〉은 로보메이션 몰에서 구입하실 수 있습니다. (http://robomation-shop.co.kr)

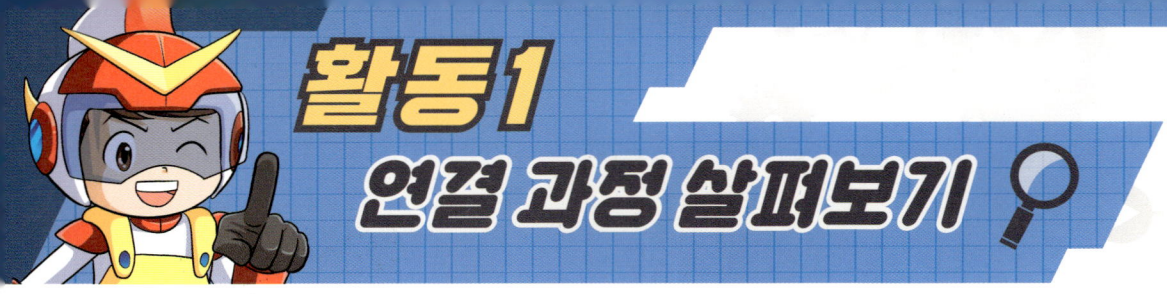

활동 1
연결 과정 살펴보기

 **햄스터와 엔트리 연결 과정 미리보기**

햄스터를 엔트리와 연결할 때는 준비 과정이 필요합니다. 어떤 준비를 해야 하는지 살펴볼까요? 먼저 인터넷 주소창에 playentry.org 를 입력해 엔트리 홈페이지에 들어간 다음, 메인화면 위쪽의 만들기 버튼을 눌러 작품 만들기 창으로 이동합니다.

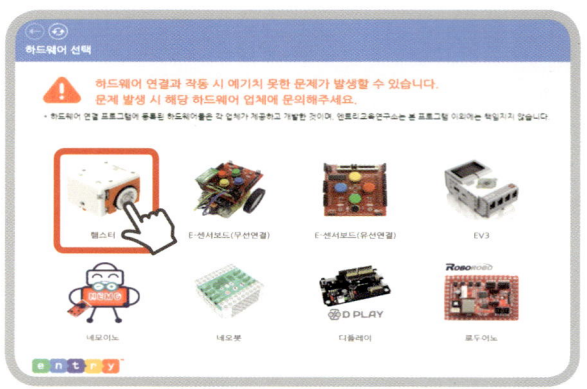

 엔트리 작품 만들기 창에서 하드웨어 연결 프로그램을 다운받아 설치한 뒤, 실행합니다.

Step 2 햄스터 드라이버를 설치합니다.

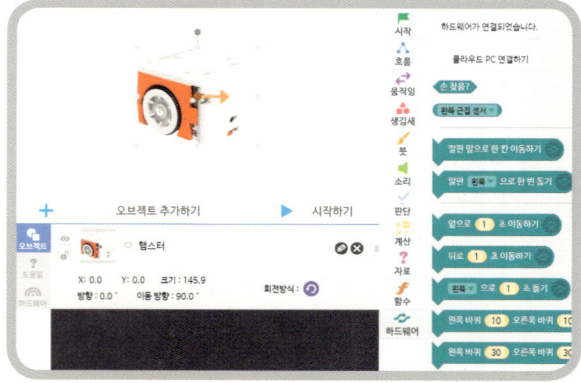

 엔트리와 햄스터(하드웨어)를 연결하고, 블록을 살펴봅니다.

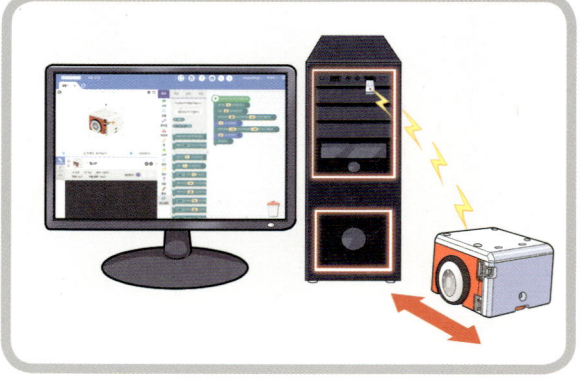

 햄스터가 앞뒤로 움직이도록 명령해 봅니다.

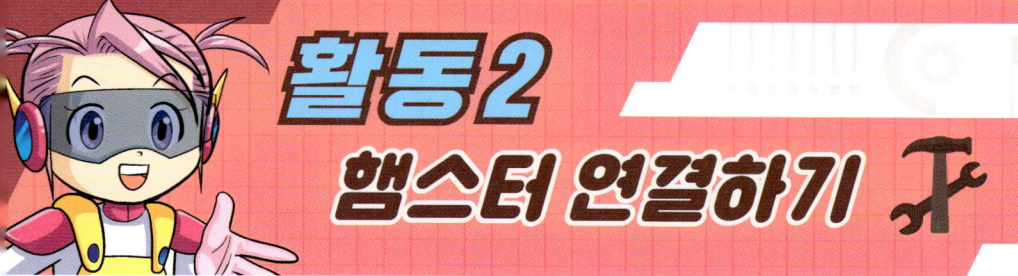

Step 1 하드웨어 연결 프로그램 설치하기

1  하드웨어 블록꾸러미에서 연결 프로그램 다운로드 를 클릭합니다.

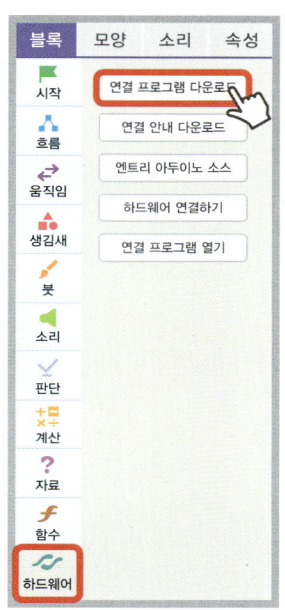

엔트리 사이트의 업데이트에 따라 프로그램의 버전은 달라질 수 있습니다.

2 다운로드가 완료되면 설치 파일을 실행합니다.

3 설치할 구성 요소를 선택하고, '다음'을 클릭합니다.

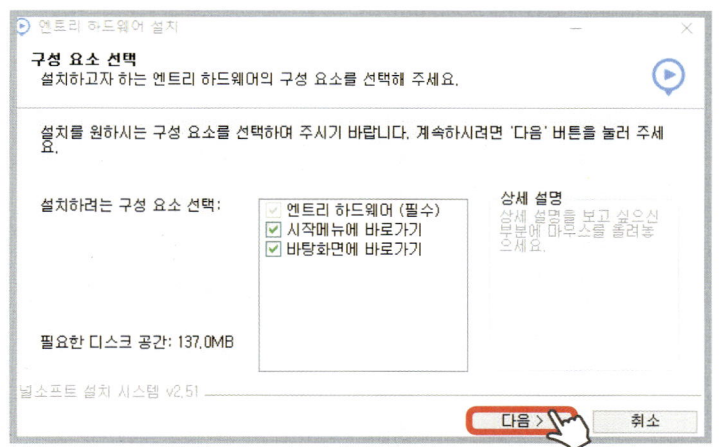

15

4 설치할 폴더를 선택하고, '설치'를 클릭합니다.

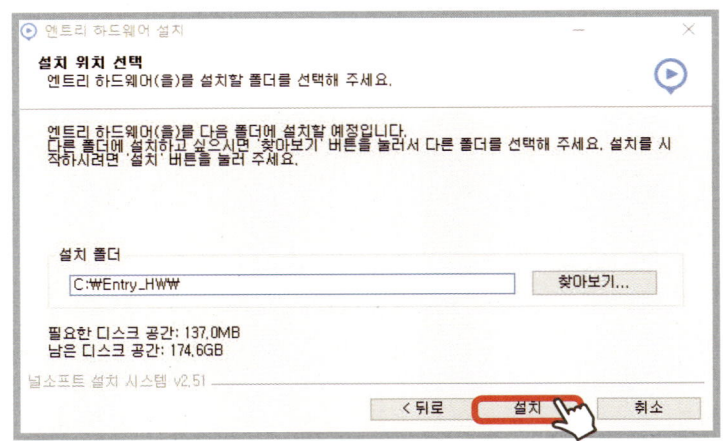

5 설치가 완료되면 '마침'을 클릭합니다.

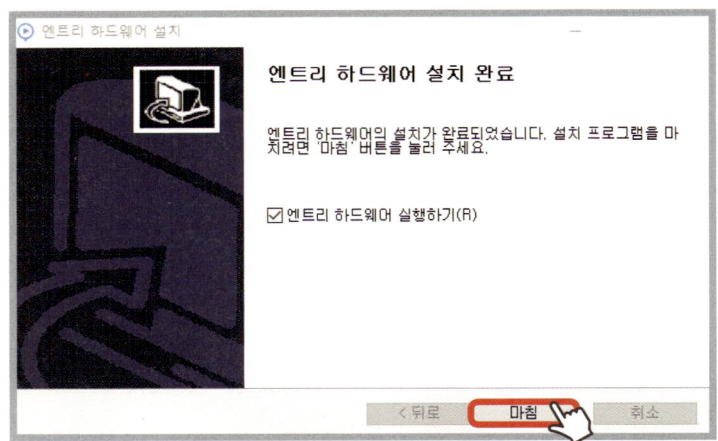

Step2 햄스터 드라이버 설치하기

1 하드웨어 연결 프로그램 설치가 완료되면 '엔트리 하드웨어(▶)'를 실행합니다.
하드웨어 선택 창이 뜨면 햄스터를 클릭합니다.

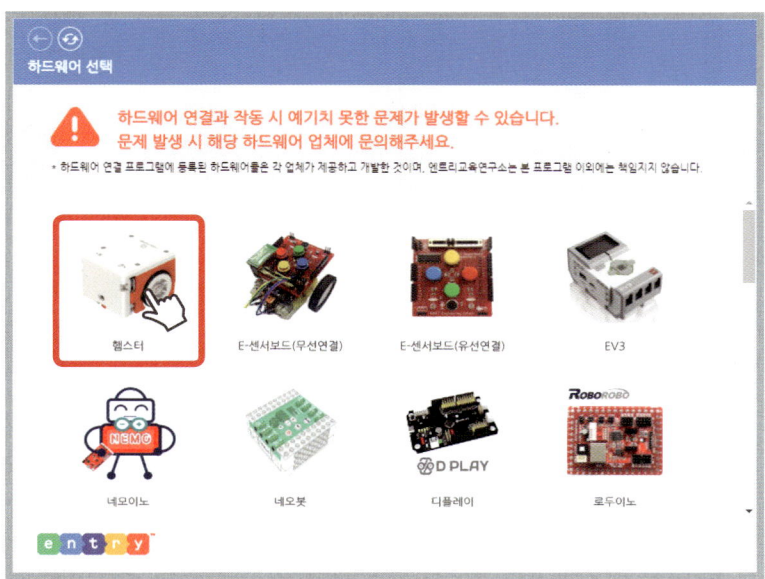

2 '드라이버 설치'를 클릭하면 햄스터 드라이버가 설치됩니다.

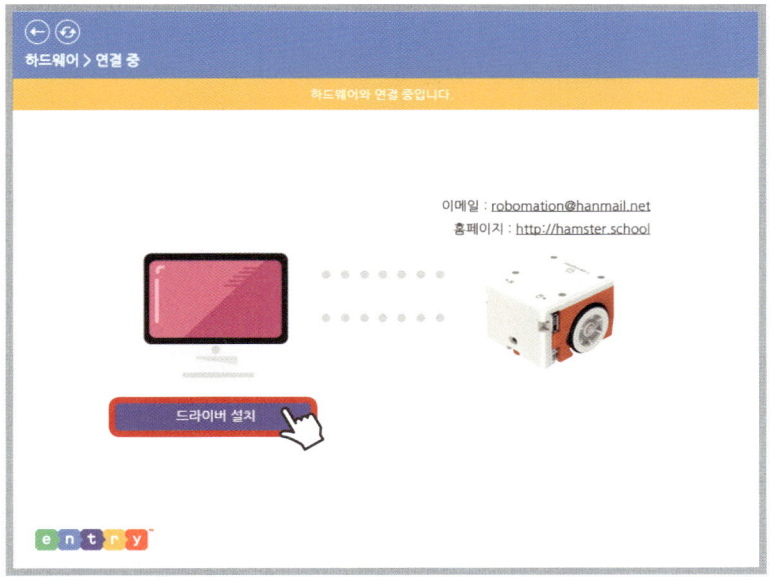

이번에는 드라이버 설치!

3 '다음'을 클릭합니다.

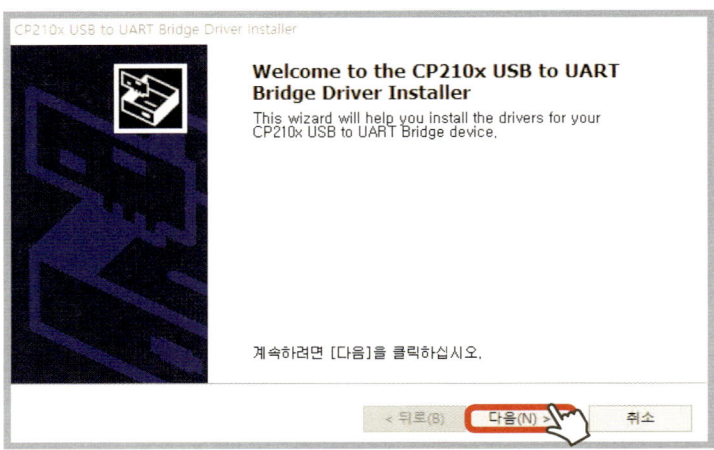

4 사용권 계약에 동의하고, '다음'을 클릭합니다.

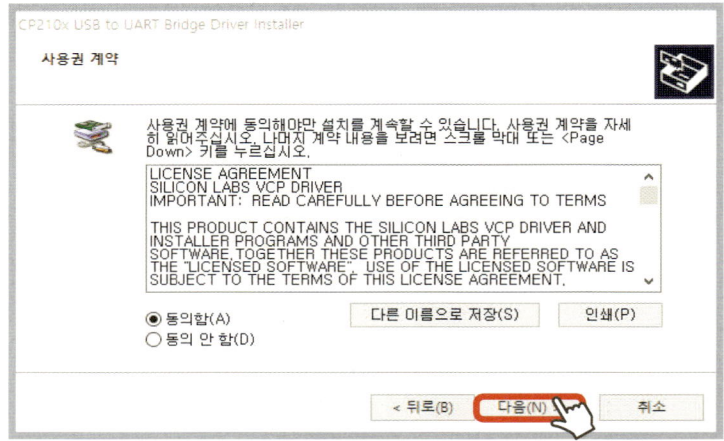

5 '마침'을 클릭하면 햄스터 드라이버 설치가 완료됩니다.

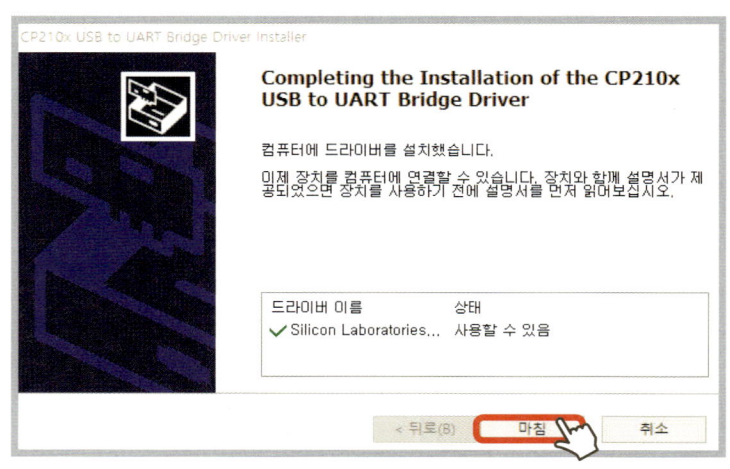

드라이버 설치도 금방이네.

Step3 햄스터와 엔트리 연결하기

Step1과 Step2는 처음 연결할 때만 필요합니다. 이후에는 Step3부터 해도 햄스터와 엔트리를 연결할 수 있습니다.

1 USB 동글을 컴퓨터에 꽂습니다.

2 햄스터의 전원을 켭니다. '삐'소리와 함께 파란불이 빠르게 깜박거리면 연결된 것입니다.

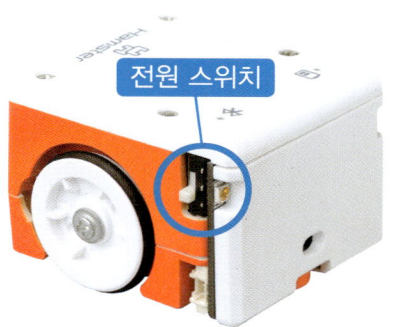

전원 스위치

3 컴퓨터 바탕화면에 있는 '엔트리 하드웨어(▶)'를 클릭해 실행시킨 뒤, 하드웨어 선택 창이 뜨면 햄스터를 클릭합니다.

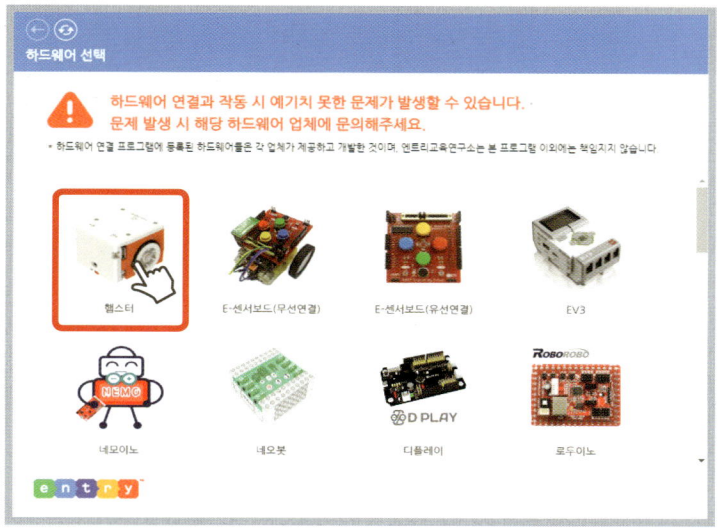

4 성공적으로 연결이 되면, 위쪽에 '하드웨어 > 연결 성공'이라는 문구가 뜹니다.

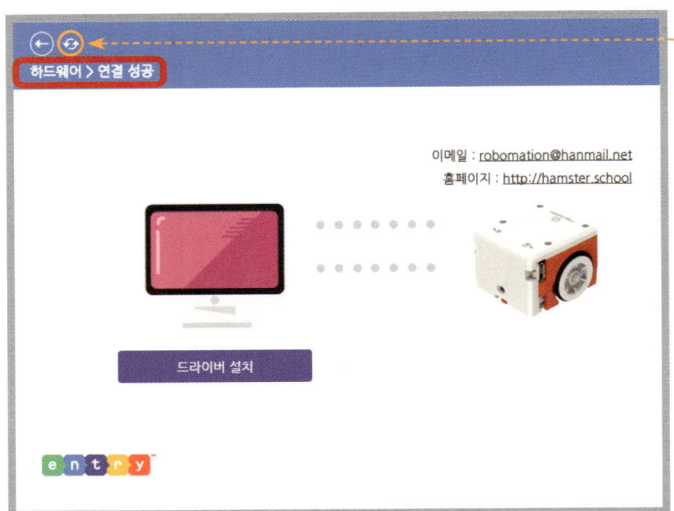

'연결 중' 상태가 계속될 때에는 새로고침 아이콘(🔄)을 클릭해 보세요.

5 〰️ 하드웨어 블록꾸러미에서 하드웨어 연결하기 를 클릭합니다.

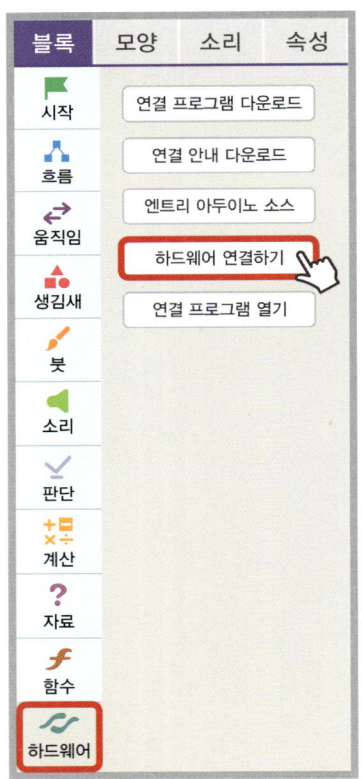

이제 햄스터를 움직일 준비가 다 된 거야?

그래, 엔트리로 코딩을 하면 명령어대로 햄스터가 움직일 거야.

⚠️ 잠깐   햄스터 블록에는 어떤 것들이 있을까요?

하드웨어 연결하기 를 클릭하면, 〰️ **하드웨어** 블록꾸러미에 여러 가지 블록들이 나타납니다. 이 블록들을 조립해 햄스터를 움직일 수 있습니다. 햄스터를 움직일 때도 다른 오브젝트와 똑같은 방법으로 조립하면 됩니다.

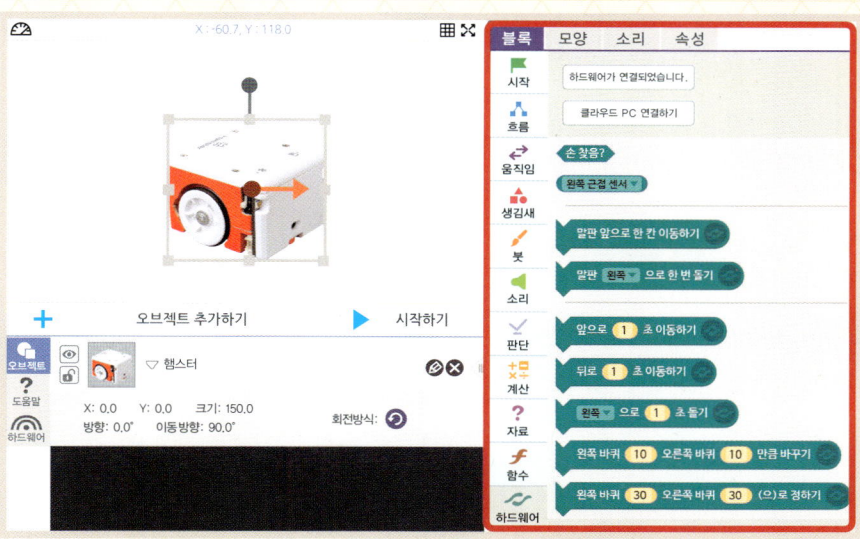

엔트리에는 햄스터 모양 오브젝트가 없습니다. 이미지를 업로드해서 추가한 것입니다.

정말 다양한 블록들이 있네. 각 명령어 블록들은 어떤 역할을 할까?

Step4 햄스터 움직이기-①

미리보기 QR코드로
햄스터 움직임을
확인할 수 있어요.

햄스터가 앞뒤로 움직입니다.

1 시작 블록꾸러미에서 `시작하기 버튼을 클릭했을 때` 를 끌어다 놓습니다.

▶ 시작하기 버튼을 클릭하면 햄스터 오브젝트의 명령어가 실행됩니다.

2 하드웨어 블록꾸러미에서 `앞으로 1 초 이동하기` 를 끌어다 연결하고, 3초로 바꿉니다.

▶ 햄스터가 앞으로 3초간 이동합니다.

3 하드웨어 블록꾸러미에서 `뒤로 1 초 이동하기` 를 끌어다 연결하고, 2초로 바꿉니다.

▶ 햄스터가 뒤로 2초간 이동합니다.

！잠깐

여기서는 이해하기 쉽도록 햄스터 모양을 오브젝트로 썼지만, 실제로는 어떤 오브젝트에 조립해도 햄스터를 움직이는 데는 아무 상관없습니다. 그리고 명령어를 다 조립한 뒤에 실행시키면, 실행화면의 오브젝트는 전혀 움직이지 않고 실제 햄스터만 명령어대로 움직이게 됩니다.

Step4 햄스터 움직이기-②

햄스터가 30의 속도로 앞으로 3초, 뒤로 2초 이동합니다.

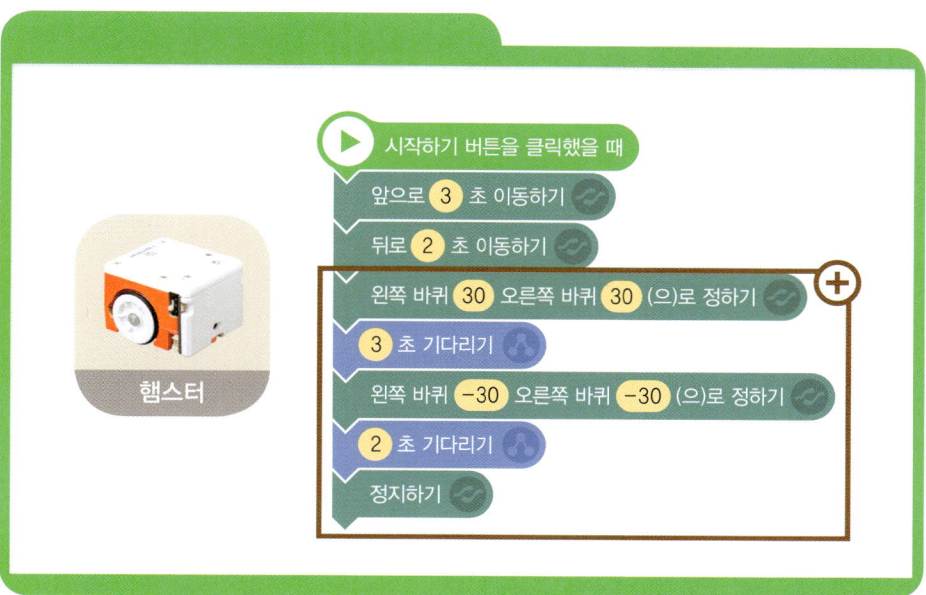

1 🌊 하드웨어 블록꾸러미에서 `왼쪽 바퀴 30 오른쪽 바퀴 30 (으)로 정하기` 를 끌어다 연결합니다.
  ▶ 바퀴 속도를 정해 주는 것입니다. 양쪽 바퀴의 속도를 30으로 정해 앞으로 이동시킵니다.

2 🔺 흐름 블록꾸러미에서 `2 초 기다리기` 를 끌어다 연결하고, 3초로 바꿉니다.
  ▶ 위에서 정한 30의 속도로 3초간 이동하도록 기다립니다.

3 🌊 하드웨어 블록꾸러미에서 `왼쪽 바퀴 30 오른쪽 바퀴 30 (으)로 정하기` 를 끌어다 연결하고, 각각 -30으로 바꿉니다.
  ▶ 바퀴 속도에 마이너스(-)를 붙이면 뒤로 이동합니다.

4 🔺 흐름 블록꾸러미에서 `2 초 기다리기` 를 끌어다 연결합니다.
  ▶ 위에서 정한 -30의 속도로 2초간 이동하도록 기다립니다.

5 🌊 하드웨어 블록꾸러미에서 `정지하기` 를 끌어다 연결합니다.
  ▶ 햄스터가 이동을 멈춥니다.

귀여운 햄스터를 움직여 보니 어떤가요? 앞뒤로 움직인 게 다지만, 앞으로의 활동이 기대되지 않나요? 그렇다면 아래 실험을 통해 햄스터에 대해 좀 더 알아보도록 합시다.

`앞으로 1 초 이동하기`를 사용했을 때, 햄스터는 1초 동안 얼마의 거리를 이동할까요?
속도를 10으로 했을 때와 30으로 했을 때는 1초 동안 얼마나 이동할까요?

Tip
준비물 ❶ 모눈종이를 이용해서 실험 결과를 적어 보세요.
모눈종이 한 칸은 한 변이 1cm인 정사각형입니다.

모눈종이

첫 번째 미션을 잘 해결했나요?
당신의 햄스터는 아직 왕초보 로봇입니다.
여러분이 앞으로 미션을 해결할 때마다 다양한
명령어 카드를 얻어 점점 성능이 업그레이드되지요.
이번 미션을 해결했다면, 당신의 햄스터는 앞뒤로
이동할 수 있는 '앞뒤 이동 카드'를 얻었습니다.
앞으로도 미션을 멋지게 해결해 햄스터를
업그레이드시켜 보세요!

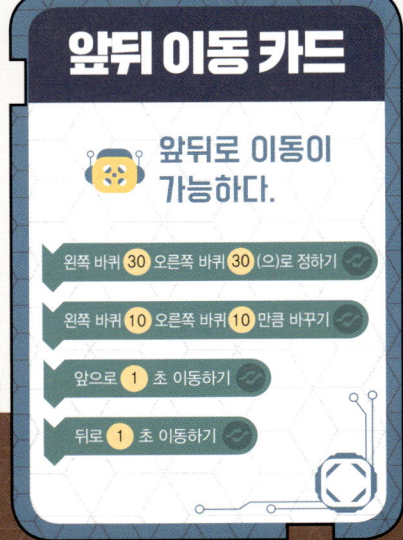

정답은 102쪽에서 확인해 보세요!

2장 요리조리 햄스터

앞에 장애물이 있을 때, 햄스터가 장애물을 피해 회전하게 하려면 어떻게 코딩해야 할까요?

 **햄스터 움직임 미리보기**

다음 주소 https://goo.gl/xunpQm 으로 들어가면 완성된 코드를 확인할 수 있습니다. 작품명은 '햄스터로봇_02장'으로, 엔트리 사이트 공유하기에서 'whycoding5'를 검색해도 작품을 볼 수 있습니다.

미리보기 QR코드로 햄스터 움직임을 확인할 수 있어요.

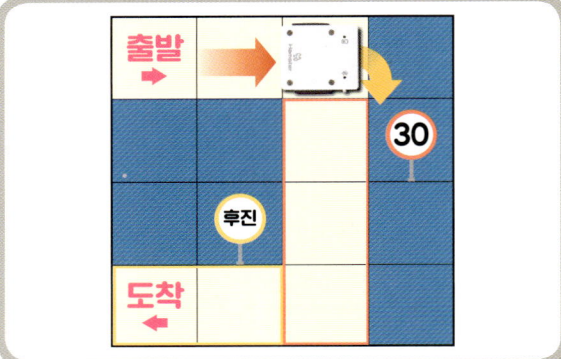

Step 1 햄스터가 앞으로 2칸 이동한 뒤, 오른쪽으로 회전합니다.

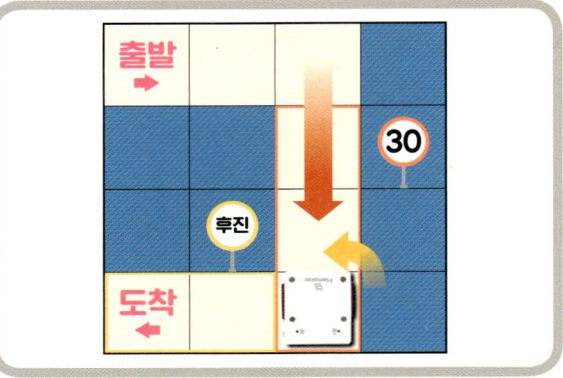

Step 2 햄스터가 30의 속도로 3칸 이동한 뒤, 왼쪽으로 회전합니다.

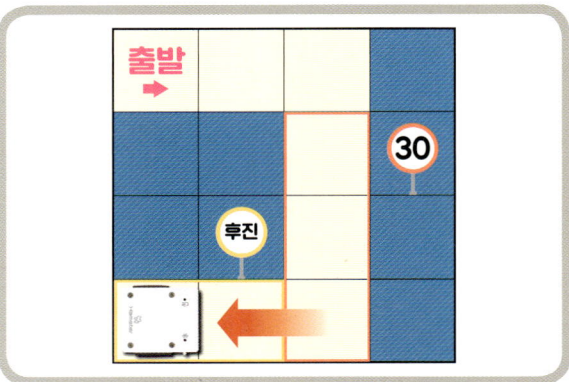

Step 3 햄스터가 뒤로 2칸 이동해 도착 지점에서 멈춥니다.

30이라는 속도 제한이랑 마지막 구간을 후진으로 가야 한다는 조건이 있네.

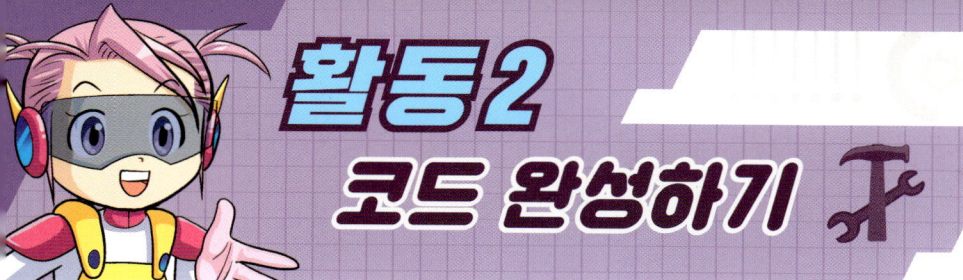

문제 해결 방법 생각하기

미로를 통과하려면 햄스터가 어떻게 움직여야 하는지 생각해 봅시다.

1 햄스터는 먼저 앞으로 2칸 이동해야 합니다. 한 칸의 길이가 약 ☐ cm이므로 `앞으로 1 초 이동하기` 를 사용해 ☐ 초 동안 움직이게 합니다.

2 아래 블록들은 햄스터를 오른쪽으로 회전시킬 때 사용하는 블록입니다.
어떤 블록에 대한 설명인지 알맞게 이어 봅시다.

`왼쪽 바퀴 30 오른쪽 바퀴 30 (으)로 정하기` •   • 정확히 오른쪽 방향을 보기 위해서 몇 초 동안 돌아야 하는지 계산해야 해.

`오른쪽 으로 1 초 돌기` •   • 오른쪽으로 돌게 하려면 왼쪽 바퀴를 더 빠르게 만들어야 해.

3 미로판에 제시되어 있는 제한 속도는 ☐ 입니다.
`왼쪽 바퀴 30 오른쪽 바퀴 30 (으)로 정하기` 를 사용해 왼쪽 바퀴는 ☐ (으)로, 오른쪽 바퀴는 ☐ (으)로 정합니다.

4 마지막 길은 후진으로 가야 합니다. 따라서 ☐ 으로 회전해야 합니다.

5 뒤로 2칸 이동해야 합니다. 한 칸의 길이가 약 ☐ cm이므로 `뒤로 1 초 이동하기` 를 사용해 ☐ 초 동안 움직이게 합니다.

코딩 준비하기

1 햄스터와 엔트리를 연결합니다.

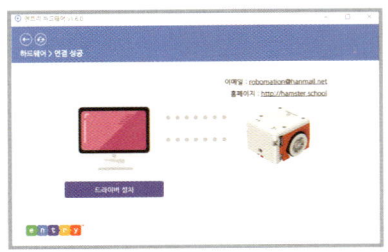

햄스터와 엔트리를 연결하는 건 19~20쪽을 참고하세요.

2 실행화면에 오브젝트를 추가합니다.

▶ 마음에 드는 오브젝트 아무거나 불러오면 됩니다. 만약 예시처럼 햄스터 모양 오브젝트를 사용하고 싶다면 완성 작품에서 다운로드해서 사용하세요.

3 준비물❷ 미로판1을 떼어 내 평평한 곳에 놓습니다.

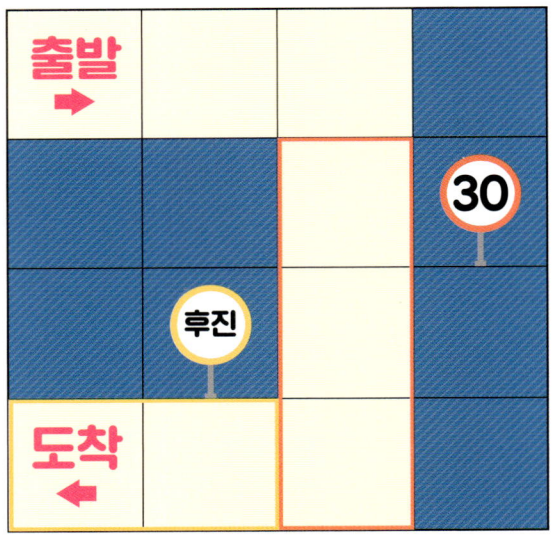

4 미로에 제시된 조건을 파악합니다.

▶ 출발과 도착 지점이 있고, 30의 제한 속도가 있습니다. 후진으로 통과해야 하는 길이 있습니다.

5 출발 지점에 햄스터를 놓습니다.

 **Step 1 만들기**

햄스터가 앞으로 2칸 이동한 뒤, 오른쪽으로 회전합니다.

1 시작 블록꾸러미에서 `시작하기 버튼을 클릭했을 때` 를 끌어다 놓습니다.

2 하드웨어 블록꾸러미에서 `앞으로 1 초 이동하기` 를 끌어다 연결하고, 3초로 바꿉니다.

▶ 햄스터가 앞으로 3초간 이동합니다.

3 하드웨어 블록꾸러미에서 `왼쪽으로 1 초 돌기` 를 끌어다 연결하고, ▼를 클릭해 '오른쪽'을 선택합니다.

▶ 햄스터가 오른쪽으로 1초간 회전합니다.

⚠ 잠깐 원하는 만큼 햄스터를 회전시키려면?

햄스터를 1초 동안 회전시켰을 때 생각보다 많이 회전했다면 0.9초, 0.8초 등으로 시간을 줄여 보세요. 생각보다 덜 회전했다면 1.1초, 1.2초 등으로 시간을 늘리면 됩니다. 좀 더 정확하게 움직이고 싶다면 `왼쪽 바퀴 30 오른쪽 바퀴 30 (으)로 정하기` 를 사용해 원하는 대로 햄스터를 회전시킬 수 있습니다.

Step2 만들기

햄스터가 30의 속도로 앞으로 3칸 이동한 뒤, 왼쪽으로 회전합니다.

1. 하드웨어 블록꾸러미에서 `왼쪽 바퀴 30 오른쪽 바퀴 30 (으)로 정하기` 를 끌어다 연결합니다.
   ▶ 왼쪽과 오른쪽의 바퀴 속도를 30으로 정해 앞으로 이동하게 합니다.

2. 흐름 블록꾸러미에서 `2 초 기다리기` 를 끌어다 연결하고, 4.5초로 바꿉니다.
   ▶ 위에서 정한 30의 속도로 4.5초간 이동하도록 기다립니다.

3. 하드웨어 블록꾸러미에서 `왼쪽 바퀴 30 오른쪽 바퀴 30 (으)로 정하기` 를 끌어다 연결하고, 각각 -20과 20으로 바꿉니다.
   ▶ 왼쪽 바퀴는 20의 속도로 뒤로 움직이고, 오른쪽 바퀴는 20의 속도로 앞으로 움직입니다. 따라서 햄스터는 제자리에서 왼쪽으로 회전하게 됩니다.

4. 흐름 블록꾸러미에서 `2 초 기다리기` 를 끌어다 연결하고, 1초로 바꿉니다.
   ▶ 위에서 정한 대로 왼쪽으로 1초간 회전합니다.

Step3 만들기

햄스터가 도착 지점까지 후진합니다.

1. **하드웨어** 블록꾸러미에서 `왼쪽 바퀴 30 오른쪽 바퀴 30 (으)로 정하기` 를 끌어다 연결하고, 각각 -40으로 바꿉니다.
   ▶ 40의 속도로 뒤로 이동합니다.

2. **흐름** 블록꾸러미에서 `2 초 기다리기` 를 끌어다 연결하고, 2.5초로 바꿉니다.
   ▶ 위에서 정한 속도로 2.5초간 이동합니다.

3. **하드웨어** 블록꾸러미에서 `정지하기` 를 끌어다 연결합니다.
   ▶ 정지하지 않으면 계속 뒤로 이동하기 때문에 정지하기 블록을 연결해 줍니다.

속도는 임의로 정한 것입니다. 다른 숫자를 입력해서 실행해 보고, 어떤 차이가 있는지 확인해 보세요.

❗ 잠깐 햄스터를 후진시키는 다른 방법도 있어요

더 간단히 햄스터를 후진시킬 수 있는 블록이 있습니다. 바로 `뒤로 1 초 이동하기` 블록입니다. 이 블록은 2초든 10초든 원하는 시간 값을 넣어 주면, 그 시간만큼 햄스터가 이동하고 멈추기 때문에 쉽게 코딩할 수 있습니다.

단, 햄스터는 늘 30이라는 정해진 속도로만 이동하기 때문에, 바퀴 속도는 정해 줄 수 없습니다. 앞에서 조립한 코드와 비교해 보세요. 차이가 느껴지지요?

뒤로 이동하기 블록을 사용하니까 코드가 간단해졌어!

# 전체 코드 확인하기

블록이 잘 조립되었는지 확인하고, 시작하기 버튼을 눌러 실행해 봅시다.

햄스터

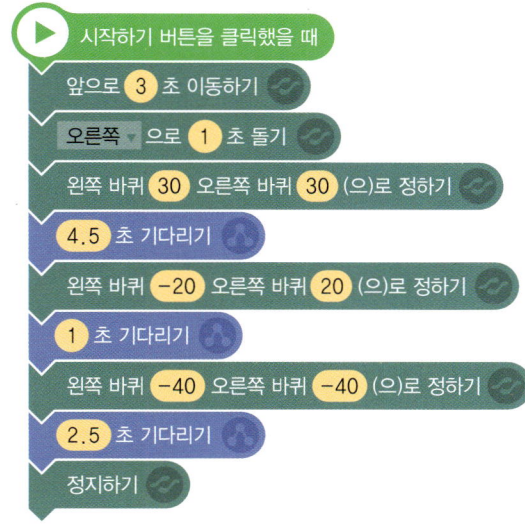

시작하기 버튼을 클릭했을 때
앞으로 3 초 이동하기
오른쪽 으로 1 초 돌기
왼쪽 바퀴 30 오른쪽 바퀴 30 (으)로 정하기
4.5 초 기다리기
왼쪽 바퀴 -20 오른쪽 바퀴 20 (으)로 정하기
1 초 기다리기
왼쪽 바퀴 -40 오른쪽 바퀴 -40 (으)로 정하기
2.5 초 기다리기
정지하기

다양한 재질 위에서 햄스터를 움직여 봐야겠어.

⚠ 잠깐 재질에 따라 회전하는 정도가 달라요

햄스터는 바닥의 재질에 따라 회전하는 정도가 달라집니다. 플라스틱처럼 매끄러운 데서는 더 많이 회전하고, 종이 위에서는 그보다 적게 회전하지요. 그래서 햄스터를 코딩할 때는 직접 햄스터를 움직이며 가장 알맞은 수치를 찾아야 합니다. 이 책에서도 기본 수치는 주어지지만 각각의 햄스터 기기에 따라 수치가 조금씩 달라질 수 있으니 햄스터의 움직임을 보면서 그에 맞게 수치를 수정해 주세요.

빙글빙글 — 플라스틱

빙글 — 종이

햄스터가 왼쪽으로도 오른쪽으로도 회전할 수 있게 되었어요!
그렇다면 이제 좀 더 복잡한 미로도 통과할 수 있겠죠? 준비물❸ 미로판2 통과하기에 한번 도전해 보세요.

 햄스터가 미로를 무사히 통과하도록 코딩해 보세요!

회전 이동 카드

오른쪽 왼쪽으로 회전이 가능하다.

미션을 해결했다면, 이제 당신의 햄스터는 회전할 수 있는 '회전 이동 카드'를 얻었습니다.
정답은 103쪽에서 확인해 보세요!

3장
자동차가 된 햄스터

햄스터가 구불구불한 도로를 자연스럽게 통과할 수 있게 하려면 어떻게 코딩해야 할까요?

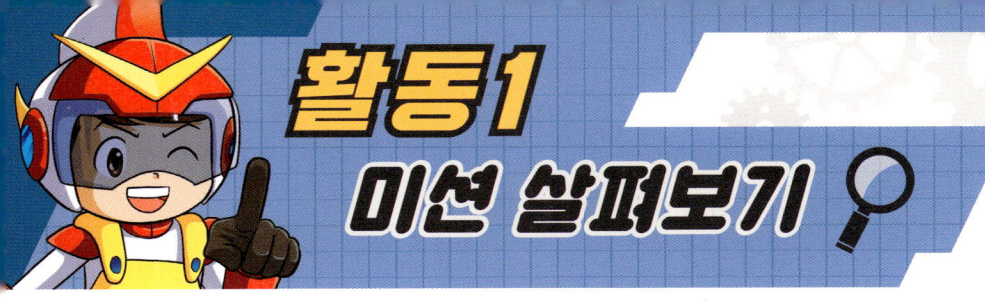

🤖 햄스터 움직임 미리보기

다음 주소 https://goo.gl/iNFGA2 로 들어가면 완성된 코드를 확인할 수 있습니다. 작품명은 '햄스터로봇_03장'으로, 엔트리 사이트 공유하기에서 'whycoding5'를 검색해도 작품을 볼 수 있습니다.

미리보기 QR코드로 햄스터 움직임을 확인할 수 있어요.

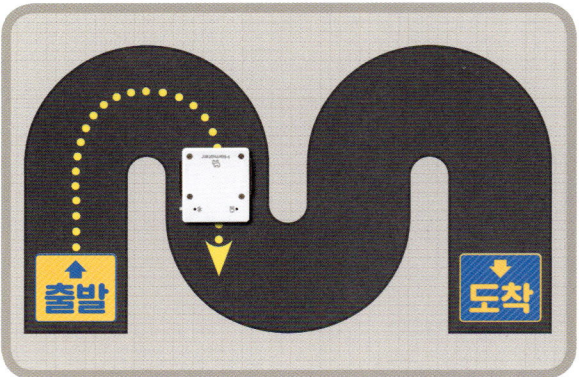

Step 1 출발 지점에서 출발한 햄스터가 오른쪽으로 큰 원을 그리며 도로를 따라 이동합니다.

Step 2 햄스터가 왼쪽으로 큰 원을 그리며 도로를 따라 이동합니다.

Step 3 햄스터가 다시 오른쪽으로 큰 원을 그리며 도로를 따라 이동해 도착 지점에 멈춥니다.

여기서는 햄스터가 왼쪽, 오른쪽으로 큰 원을 그리며 회전하는 게 중요하구나!

활동 2 코드 완성하기

문제 해결 방법 생각하기

구불구불한 도로를 통과하려면 햄스터가 어떻게 움직여야 하는지 생각해 봅시다.

1 구불구불한 도로를 자연스럽게 통과하려면 제자리에서 회전하지 않고 앞으로 나아가면서 회전해야 합니다. 따라서 아래의 블록 중에서 ☐ 번 블록을 사용해야 합니다.

① 왼쪽 ▼ 으로 1 초 돌기
② 왼쪽 바퀴 30 오른쪽 바퀴 30 (으)로 정하기

2 그림1 처럼 왼쪽 바퀴보다 오른쪽 바퀴가 더 빠르면 햄스터는 ☐ 으로 회전하면서 앞으로 가게 됩니다. 반대로 그림2 처럼 왼쪽 바퀴가 오른쪽보다 더 빠르면 햄스터는 ☐ 으로 회전하면서 앞으로 가게 됩니다.

그림1

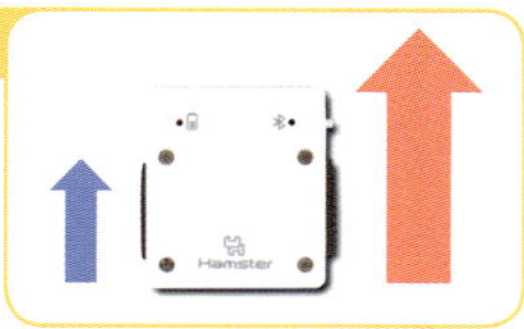

그림2

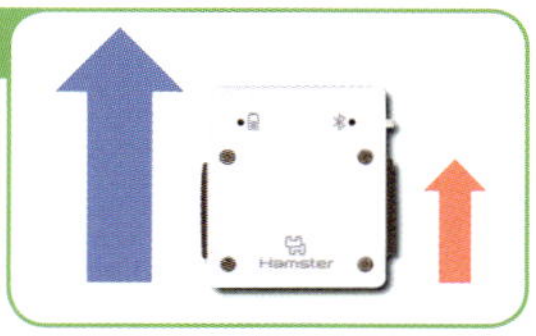

3 햄스터가 오른쪽 그림처럼 이동하는 경우는 ☐ 바퀴가 ☐ 바퀴보다 빠르게 움직였기 때문입니다. 따라서 ☐ 바퀴의 속도를 조절해야 합니다.

4 햄스터가 오른쪽 그림처럼 이동하는 경우는 ☐ 바퀴가 ☐ 바퀴보다 빠르게 움직였기 때문입니다. 따라서 ☐ 바퀴의 속도를 조절해야 합니다.

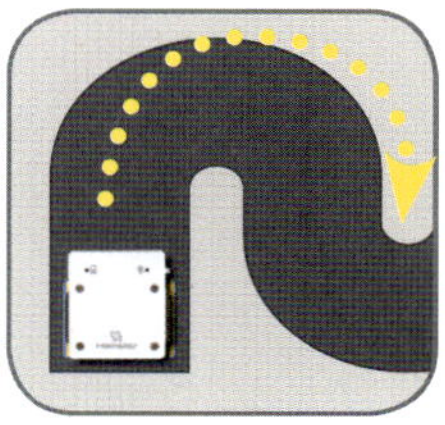

코딩 준비하기

1 햄스터와 엔트리를 연결합니다.

2 실행화면에 오브젝트를 추가합니다.

3 준비물❹ 도로판을 떼어 내 평평한 곳에 놓습니다.

4 도로가 어떻게 생겼는지, 출발 지점과 도착 지점은 어떻게 되어 있는지 확인합니다.

5 출발 지점에 햄스터를 놓습니다.

속도 제한은 없네? 대신 햄스터를 얼마나 회전시킬지 신경 써야겠어.

햄스터가 앞으로 가면서 오른쪽으로 회전합니다.

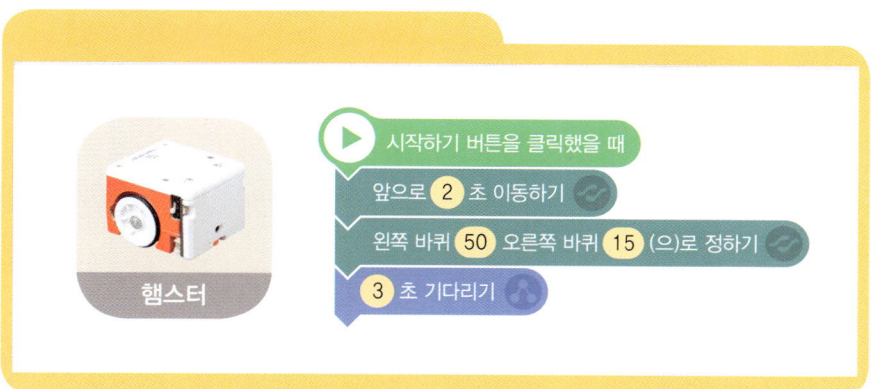

1 ▶ **시작** 블록꾸러미에서 `시작하기 버튼을 클릭했을 때` 를 끌어다 놓습니다.

2 ~ **하드웨어** 블록꾸러미에서 `앞으로 1 초 이동하기` 를 끌어다 연결하고, 2초로 바꿉니다.

▶출발 지점에서 출발해 회전하기 전까지는 직진으로 이동합니다.

3 ~ **하드웨어** 블록꾸러미에서 `왼쪽 바퀴 30 오른쪽 바퀴 30 (으)로 정하기` 를 끌어다 연결하고, 각각 50과 15로 바꿉니다.

▶왼쪽 바퀴가 오른쪽 바퀴보다 빠르기 때문에 오른쪽으로 회전합니다.
  그런데 오른쪽 바퀴도 멈춰 있는 것이 아니므로 앞으로 가면서 회전하게 됩니다.

4 ⋏ **흐름** 블록꾸러미에서 `2 초 기다리기` 를 끌어다 연결하고, 3초로 바꿉니다.

▶위에서 정한 속도로 3초간 이동하도록 기다립니다.

Step2 만들기

햄스터가 왼쪽으로 큰 원을 그리며 도로를 따라 이동합니다.

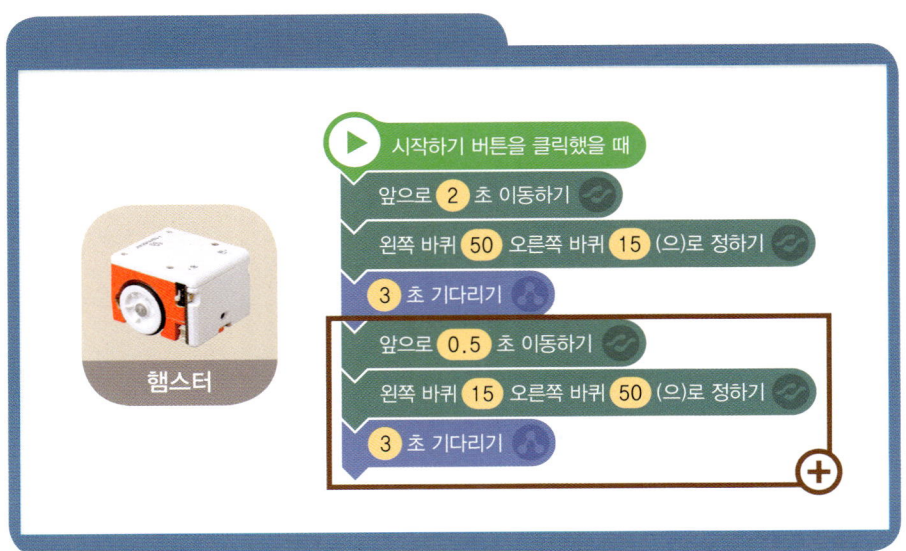

1 〰️ 하드웨어 블록꾸러미에서 `앞으로 1 초 이동하기` 를 끌어다 연결하고, 0.5초로 바꿉니다.

▶ 회전이 시작되는 지점까지 직진으로 이동합니다.

2 〰️ 하드웨어 블록꾸러미에서 `왼쪽 바퀴 30 오른쪽 바퀴 30 (으)로 정하기` 를 끌어다 연결하고, 각각 15와 50으로 바꿉니다.

▶ 오른쪽 바퀴가 왼쪽 바퀴보다 빠르기 때문에 왼쪽으로 회전합니다. 그런데 왼쪽 바퀴도 멈춰 있는 것이 아니므로 앞으로 가면서 회전하게 됩니다.

3 ⋀ 흐름 블록꾸러미에서 `2 초 기다리기` 를 끌어다 연결하고, 3초로 바꿉니다.

▶ 위에서 정한 속도로 3초간 이동하도록 기다립니다.

Step3 만들기

햄스터가 도로를 따라 오른쪽으로 회전해 도착 지점에 멈춥니다.

1 〰️ **하드웨어** 블록꾸러미에서 `앞으로 1 초 이동하기` 를 끌어다 연결하고, 0.5초로 바꿉니다.

2 〰️ **하드웨어** 블록꾸러미에서 `왼쪽 바퀴 30 오른쪽 바퀴 30 (으)로 정하기` 를 끌어다 연결하고, 각각 50과 15로 바꿉니다.

▶ 왼쪽 바퀴가 오른쪽 바퀴보다 빠르기 때문에 오른쪽으로 회전합니다. 그런데 오른쪽 바퀴도 멈춰 있는 것이 아니므로 앞으로 가면서 회전하게 됩니다.

3 ⛰️ **흐름** 블록꾸러미에서 `2 초 기다리기` 를 끌어다 연결하고, 3초로 바꿉니다.

4 〰️ **하드웨어** 블록꾸러미에서 `앞으로 1 초 이동하기` 를 끌어다 연결하고, 2초로 바꿉니다.

▶ 도착 지점에 멈춥니다.

⚠️ 잠깐 오류를 수정해야 해요

햄스터는 바닥 재질이나 기기에 따라 이동 속도나 회전 각도에 조금씩 차이가 있을 수 있기 때문에, 코드를 완성한 뒤 오류를 수정해 주는 작업을 해야 합니다.

▶ 안쪽으로 너무 작게 회전할 때

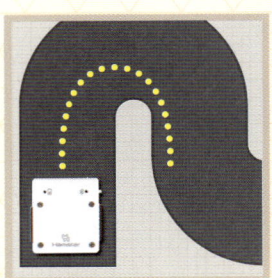

왼쪽 바퀴가 너무 빠르거나 오른쪽 바퀴가 너무 느려서 생기는 오류입니다.

`왼쪽 바퀴 30 오른쪽 바퀴 30 (으)로 정하기` 블록에서 왼쪽 바퀴의 속도를 줄이거나 오른쪽 바퀴의 속도를 높여야 합니다.

▶ 바깥쪽으로 너무 크게 회전할 때

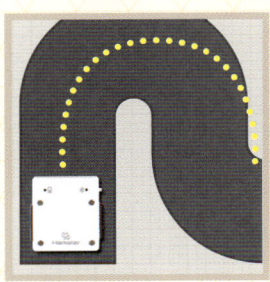

왼쪽 바퀴가 너무 느리거나 오른쪽 바퀴가 너무 빨라서 생기는 오류입니다.

`왼쪽 바퀴 30 오른쪽 바퀴 30 (으)로 정하기` 블록에서 왼쪽 바퀴의 속도를 높이거나 오른쪽 바퀴의 속도를 줄여야 합니다.

▶ 앞으로 너무 많이 이동하거나 너무 적게 이동할 때

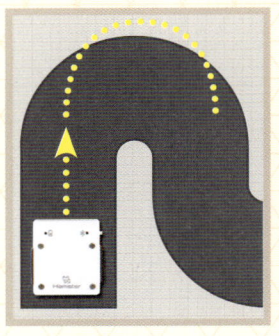 

`앞으로 1 초 이동하기` 블록이 너무 오랜 시간 실행되거나 너무 짧게 실행되는 경우에 생기는 오류입니다. 이동 시간 값을 더 작게 혹은 더 크게 바꿔 주어야 합니다.

음~ 이동 시간을 1초 더 늘려야 겠는데?

오류 수정(Debugging)에 대해 더 자세히 알아볼까요?

프로그램을 실행해 본 뒤, 오류를 찾아서 수정하는 것을 '오류 수정', 영어로는 'Debugging(디버깅)'이라고 합니다.
프로그램을 만들 때 계획을 잘 짰더라도 막상 실행해 보면 예상치 못한 상황이 발생하곤 합니다. 그래서 어떤 프로그램이든 테스트를 해 보고 오류를 찾아 수정하는 과정을 거칩니다. 프로그램을 완성한 뒤, 회사 내에서 테스트를 거쳐 수정 작업을 하면 '알파버전', 일반 사람들에게 공개해 테스트를 하면 '베타버전'이라고 합니다. 테스트를 마치고 프로그램의 오류가 모두 수정되면, 비로소 완성된 프로그램을 출시하게 됩니다.

전체 코드 확인하기

블록이 잘 조립되었는지 확인하고, 시작하기 버튼을 눌러 실행해 봅시다.

햄스터 기기마다 실제 움직임이 차이 난다고 했죠? 제시된 수치를 참고로, 바퀴 속도와 이동 시간을 바꿔 보며 내가 가진 햄스터에 맞도록 수치를 조정해 주어야 합니다.

이제는 제법 어려운 이동도 가능해졌습니다. 앞에 장애물이 있어도 피해서 이동할 수 있겠지요?

아래 그림처럼 종이컵으로 장애물을 설치하고, 화살표를 따라 햄스터가 이동하게 해 보세요.
단! 30초 안에 미션에 성공해야 합니다.

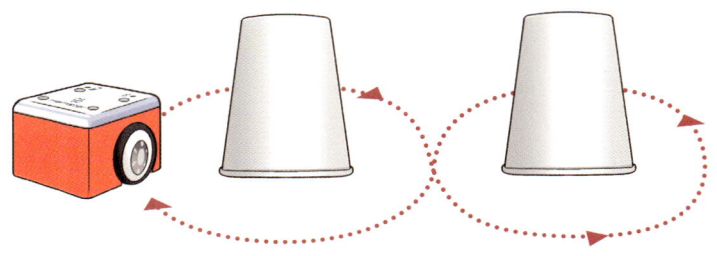

고급 운전 카드

어려운 길도 자연스럽게 이동이 가능하다.

미션을 해결했다면, 이제 당신의 햄스터는 '고급 운전 카드'를 얻었습니다.
정답은 104쪽에서 확인해 보세요!

4장
햄스터와 축구하기

햄스터로 축구 경기를 한다니, 재미있겠죠? 햄스터에게 어떤 명령을 내려야 햄스터가 자연스럽게 축구를 할 수 있을까요?

잠깐! 햄스터 축구에 대해 알아볼까요?

햄스터 축구란 말 그대로 햄스터로 축구 경기를 하는 것입니다. 키보드를 이용해 햄스터의 움직임을 조종하면서 친구들끼리 재미있는 축구 경기를 즐기는 것이지요. 당연히 상대 골대에 공을 많이 넣는 팀이 이기겠죠?

 햄스터 축구를 위해서는 축구장과 드리블 슈트, 축구공이 필요합니다.

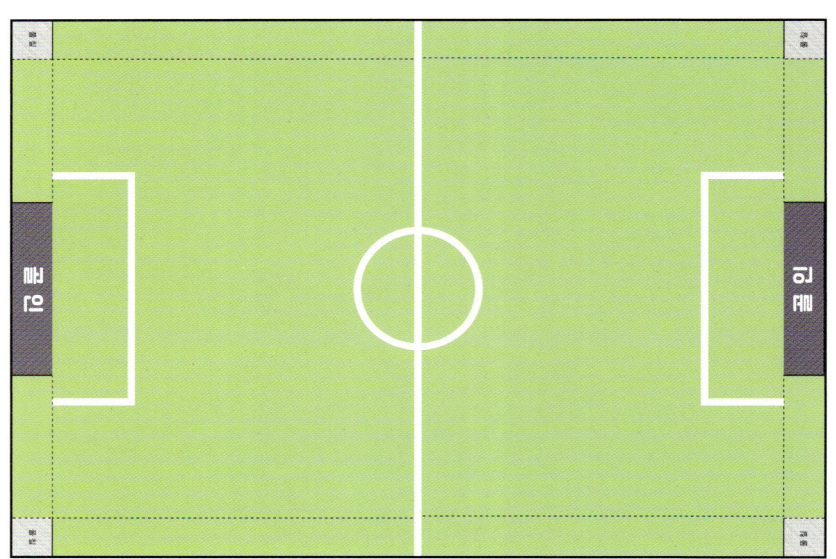

축구장

준비물❺ 축구장A와 B를 오려서 접으면 축구장이 됩니다.

드리블 슈트

준비물❻ 드리블 슈트를 오리고 접어서 햄스터에 씌우면 드리블을 할 수 있는 슈트가 됩니다.

공

햄스터 축구공으로는 가볍고 작은 탁구공이 적당합니다.

햄스터 축구의 경기 규칙

- 경기 시간은 전반, 후반 각각 2분입니다.
- 벽에 공이 부딪혀도 경기는 계속 진행되며, 햄스터가 움직이지 못하게 되면 공을 다시 중앙에 놓고, 각 팀의 햄스터는 처음 위치에서 다시 시작합니다.
- 공이 골라인을 살짝만 넘어가도 골인으로 인정합니다.
- 골이 들어가면 다시 처음 위치로 돌아가서 시작합니다.

 박사님, 혹시 로봇 축구 대회 같은 것도 있어요? 텔레비전에서 본 것 같아서요.

 그럼~ 세계 로봇 축구 대회가 있어. 우리나라 주도로 탄생한 세계로봇축구연맹(FIRA)이 개최하는 'FIRA 로봇월드컵'과 일본 주도로 열리는 '세계로봇월드컵'이 유명해.

 와! 우리나라에서 개최하는 대회가 있네요?

 로봇 축구 대회는 햄스터 같은 형태의 로봇뿐만 아니라 인간형 로봇들도 출전해. 다양한 로봇들을 볼 수 있지.

 직접 보고 싶어요!

 언제 기회가 되면 같이 구경 가 보자.

 네! 그리고 언젠가는 저도 꼭 로봇 대회에 나가 보고 싶어요!

햄스터 움직임 미리보기

다음 주소 https://goo.gl/WN8Z7a 로 들어가면 완성된 코드를 확인할 수 있습니다. 작품명은 '햄스터로봇_04장'으로, 엔트리 사이트 공유하기에서 'whycoding5'를 검색해도 작품을 볼 수 있습니다.

미리보기 QR코드로 햄스터 움직임을 확인할 수 있어요.

 위쪽 화살표 키를 누르면 햄스터가 앞으로 이동하고, 아래쪽 화살표 키를 누르면 햄스터가 뒤로 이동합니다.

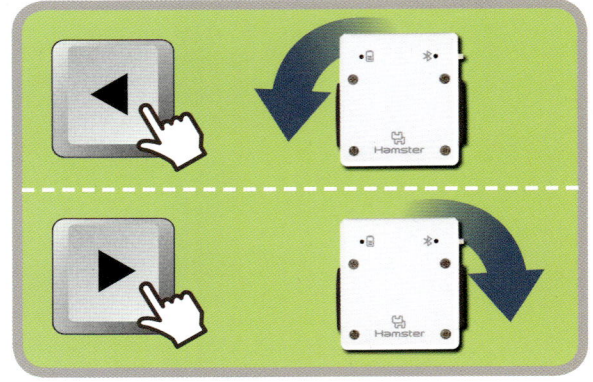

Step 2 왼쪽 화살표 키를 누르면 햄스터가 왼쪽으로 회전하고, 오른쪽 화살표 키를 누르면 햄스터가 오른쪽으로 회전합니다.

 스페이스 키를 누르면 햄스터가 공을 찹니다.

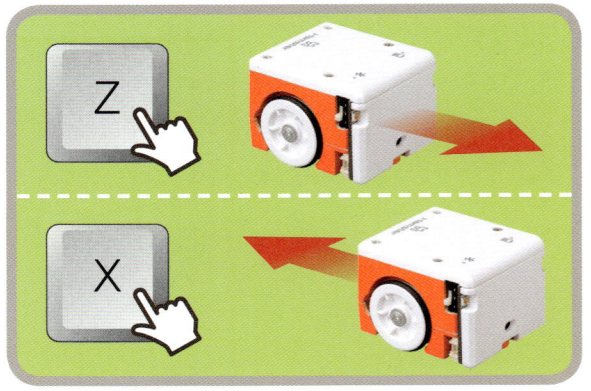

 Z 키를 누르면 햄스터가 빠르게 앞으로 가고, X 키를 누르면 햄스터가 빠르게 뒤로 갑니다.

활동2 코드 완성하기

💡 문제 해결 방법 생각하기

햄스터 축구를 하려면 어떻게 해야 하는지 생각해 봅시다.

1 축구 경기를 하려면 키보드로 햄스터를 조종해야 합니다. 키보드의 ▲를 누르면 햄스터가 ☐. 그리고 ▼를 누르면 ☐, ◀를 누르면 ☐, ▶을 누르면 ☐.

2 왼쪽이나 오른쪽으로 회전할 때, 제자리에서 회전하는 것과 이동하면서 회전하는 방법이 있습니다. 이때 사용하는 블록을 알맞게 연결해 보세요.

- 제자리에서 회전하기 •   • 왼쪽▼ 으로 1 초 돌기
- 앞으로 가면서 회전하기 •   • 오른쪽▼ 으로 1 초 돌기
-   • 왼쪽 바퀴 30 오른쪽 바퀴 30 (으)로 정하기

3 축구 경기에는 이동하는 것 외에도 아래와 같은 움직임들이 필요합니다.

- 햄스터가 슛을 하려면 아주 빨리 공을 차야 합니다. 순간적으로 양쪽 바퀴의 속도를 ☐ 으로 정하면 공을 차게 만들 수 있습니다.

- 앞뒤로 빠른 움직임이 필요할 때도 있습니다. 키보드의 Z 키를 눌렀을 때 빠르게 앞으로 가도록 양쪽 바퀴의 속도를 ☐ 으로 정해 주고, X 키를 눌렀을 때 빠르게 뒤로 가도록 양쪽 바퀴의 속도를 ☐ 으로 정해 줍니다.

- 그 밖에도 어떤 움직임이 필요할까요?

☐

코딩 준비하기

1 햄스터와 엔트리를 연결합니다.

2 실행화면에 오브젝트를 추가합니다.

3 준비물❺ 축구장A와 축구장B를 떼어 냅니다. 실선은 가위로 자르고, 점선은 접어서 벽과 골대를 만듭니다. 그리고 평평한 바닥에 놓습니다.

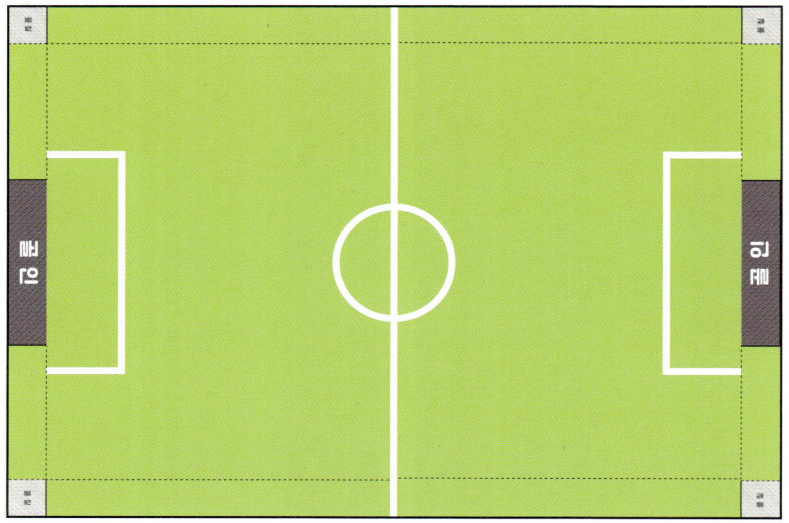

4 준비물❻ 드리블 슈트를 오리고 접어서 햄스터에 입힙니다.

5 햄스터에 맞는 적당한 크기의 공을 준비합니다.

6 축구장 한가운데 공을 놓고, 공을 사이에 두고 양 팀 햄스터를 마주 보게 놓습니다.

완성 모습

Step1 만들기

위쪽 화살표 키를 누르면 햄스터가 앞으로 이동하고, 아래쪽 화살표 키를 누르면 뒤로 이동합니다.

1 ▶ 시작 블록꾸러미에서 `q 키를 눌렀을 때` 를 끌어다 놓습니다.

2 `q` 를 클릭한 뒤, 실제 키보드의 '위쪽 화살표' 키를 눌러 선택합니다.
　▶위쪽 화살표 키를 눌렀을 때 아래에 연결된 명령어가 실행됩니다.

3 하드웨어 블록꾸러미에서 `왼쪽 바퀴 30 오른쪽 바퀴 30 (으)로 정하기` 를 끌어다 연결합니다.
　▶위쪽 화살표 키를 눌렀을 때 30의 속도로 앞으로 이동합니다.

4 ▶ 시작 블록꾸러미에서 `q 키를 눌렀을 때` 를 끌어다 놓습니다.

5 `q` 를 클릭한 뒤, 실제 키보드의 '아래쪽 화살표' 키를 눌러 선택합니다.
　▶아래쪽 화살표 키를 눌렀을 때 아래에 연결된 명령어가 실행됩니다.

6 하드웨어 블록꾸러미에서 `왼쪽 바퀴 30 오른쪽 바퀴 30 (으)로 정하기` 를 끌어다 연결하고, 각각 -30으로 바꿉니다.
　▶아래쪽 화살표 키를 눌렀을 때 30의 속도로 뒤로 이동합니다.

Step2 만들기

왼쪽 화살표 키를 누르면 햄스터가 왼쪽으로 회전하고, 오른쪽 화살표 키를 누르면 오른쪽으로 회전합니다.

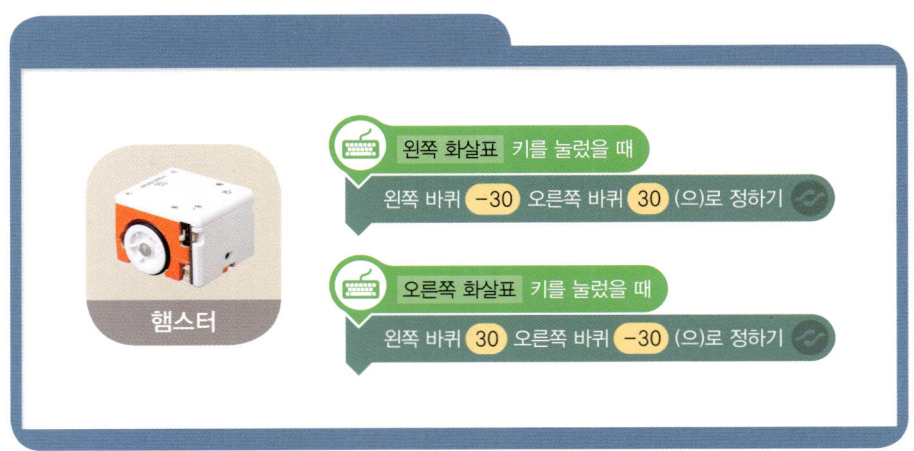

1. ▶ **시작** 블록꾸러미에서 `q 키를 눌렀을 때` 를 끌어다 놓습니다.

2. `q` 를 클릭한 뒤, 실제 키보드의 '왼쪽 화살표' 키를 눌러 선택합니다.

3. ∿ **하드웨어** 블록꾸러미에서 `왼쪽 바퀴 30 오른쪽 바퀴 30 (으)로 정하기` 를 끌어다 연결하고, 각각 −30과 30으로 바꿉니다.
   ▶ 왼쪽 화살표 키를 눌렀을 때 30의 속도로 왼쪽으로 회전합니다.

4. ▶ **시작** 블록꾸러미에서 `q 키를 눌렀을 때` 를 끌어다 놓습니다.

5. `q` 를 클릭한 뒤, 실제 키보드의 '오른쪽 화살표' 키를 눌러 선택합니다.

6. ∿ **하드웨어** 블록꾸러미에서 `왼쪽 바퀴 30 오른쪽 바퀴 30 (으)로 정하기` 를 끌어다 연결하고, 각각 30과 −30으로 바꿉니다.
   ▶ 오른쪽 화살표 키를 눌렀을 때 30의 속도로 오른쪽으로 회전합니다.

 **Step3 만들기**

스페이스 키를 누르면 햄스터가 빠르게 공을 찹니다.

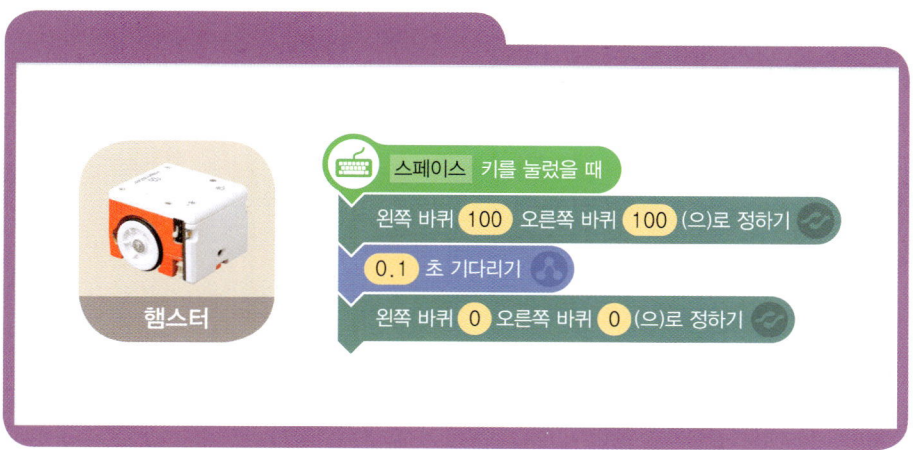

1. ▶ **시작** 블록꾸러미에서 [q 키를 눌렀을 때] 를 끌어다 놓습니다.

2. [q] 를 클릭한 뒤, 실제 키보드의 '스페이스' 키를 눌러 선택합니다.

3. **하드웨어** 블록꾸러미에서 [왼쪽 바퀴 30 오른쪽 바퀴 30 (으)로 정하기] 를 끌어다 연결하고, 각각 100으로 바꿉니다.

4. **흐름** 블록꾸러미에서 [2 초 기다리기] 를 끌어다 연결하고, 0.1초로 바꿉니다.
   ▶슛 동작이므로 시간을 0.1초로 짧게 주어 순간적으로 빠르게 움직이게 해야 합니다.

5. **하드웨어** 블록꾸러미에서 [왼쪽 바퀴 30 오른쪽 바퀴 30 (으)로 정하기] 를 끌어다 연결하고, 각각 0으로 바꿉니다.
   ▶0.1초 동안 빠르게 움직인 뒤 멈춰서 슛 동작을 완성합니다.
   이때 [정지하기] 를 대신 사용해도 좋습니다.

> 코딩에 정답은 없습니다. 햄스터와 관련된 블록들을 살펴보며 나만의 방법을 찾아보는 것도 좋은 코딩 연습이 됩니다.

Step4 만들기

Z 키를 누르면 앞으로 빠르게 이동하고, X 키를 누르면 뒤로 빠르게 이동합니다.

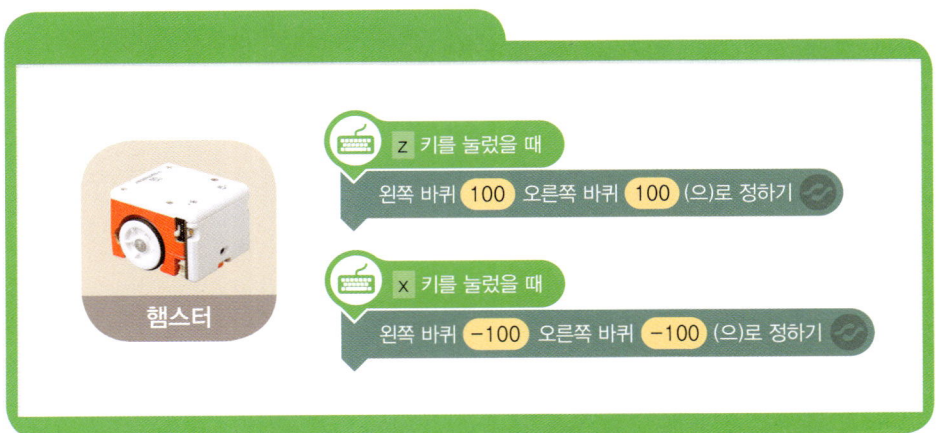

1 ▶ 시작 블록꾸러미에서 `q 키를 눌렀을 때` 를 끌어다 놓고 `q` 를 클릭한 뒤, 실제 키보드의 'Z' 키를 눌러 선택합니다.

2 〰 하드웨어 블록꾸러미에서 `왼쪽 바퀴 30 오른쪽 바퀴 30 (으)로 정하기` 를 끌어다 연결하고, 각각 100으로 바꿉니다.

3 ▶ 시작 블록꾸러미에서 `q 키를 눌렀을 때` 를 끌어다 놓고 `q` 를 클릭한 뒤, 실제 키보드의 'X' 키를 눌러 선택합니다.

4 〰 하드웨어 블록꾸러미에서 `왼쪽 바퀴 30 오른쪽 바퀴 30 (으)로 정하기` 를 끌어다 연결하고, 각각 -100으로 바꿉니다.

> ⚠ **잠깐**
> 햄스터의 바퀴 속도는 -100부터 100 사이의 값을 입력해야 합니다.
> 200을 입력해도 가장 빠른 속도인 100으로 움직이게 됩니다.
>
> `왼쪽 바퀴 30 오른쪽 바퀴 30 (으)로 정하기` 로 햄스터의 속도를 다양하게 조정하면서 블록 값과 햄스터의 실제 빠르기를 관찰해 보세요.

전체 코드 확인하기

블록이 잘 조립되었는지 확인하고, 시작하기 버튼을 눌러 실행해 봅시다.

햄스터

- 위쪽 화살표 키를 눌렀을 때
  - 왼쪽 바퀴 30 오른쪽 바퀴 30 (으)로 정하기

- 아래쪽 화살표 키를 눌렀을 때
  - 왼쪽 바퀴 -30 오른쪽 바퀴 -30 (으)로 정하기

- 왼쪽 화살표 키를 눌렀을 때
  - 왼쪽 바퀴 -30 오른쪽 바퀴 30 (으)로 정하기

- 오른쪽 화살표 키를 눌렀을 때
  - 왼쪽 바퀴 30 오른쪽 바퀴 -30 (으)로 정하기

- 스페이스 키를 눌렀을 때
  - 왼쪽 바퀴 100 오른쪽 바퀴 100 (으)로 정하기
  - 0.1 초 기다리기
  - 왼쪽 바퀴 0 오른쪽 바퀴 0 (으)로 정하기

- z 키를 눌렀을 때
  - 왼쪽 바퀴 100 오른쪽 바퀴 100 (으)로 정하기

- x 키를 눌렀을 때
  - 왼쪽 바퀴 -100 오른쪽 바퀴 -100 (으)로 정하기

이런 간단한 코딩으로 로봇 축구 경기를 할 수 있다니, 신기해!

햄스터로 하는 축구 경기는 어땠나요? 재미있었나요? 실제 축구 경기를 보면 선수들이 골을 넣은 뒤 골 세리머니를 하는 걸 볼 수 있습니다. 햄스터도 골을 넣은 뒤 골 세리머니를 하게 하면 게임이 더 재미있겠지요?

 골을 넣은 후 제자리에서 왼쪽으로 두 바퀴, 오른쪽으로 두 바퀴 회전하도록 골 세리머니를 코딩해 보세요.

미션을 해결했다면, 이제 당신의 햄스터는 '원격 제어 카드'를 얻었습니다.
정답은 105쪽에서 확인해 보세요!

5장 햄스터와 암호 편지

햄스터의 빛과 소리를 이용하면 멋진 암호를 만들 수 있습니다.
꼼지와 엔트리봇은 어떤 암호를 만들고 있었을까요?

햄스터 움직임 미리보기

다음 주소 https://goo.gl/j2l3tL 로 들어가면 완성된 코드를 확인할 수 있습니다. 작품명은 '햄스터로봇_05장'으로, 엔트리 사이트 공유하기에서 'whycoding5'를 검색해도 작품을 볼 수 있습니다.

미리보기 QR코드로 햄스터 움직임을 확인할 수 있어요.

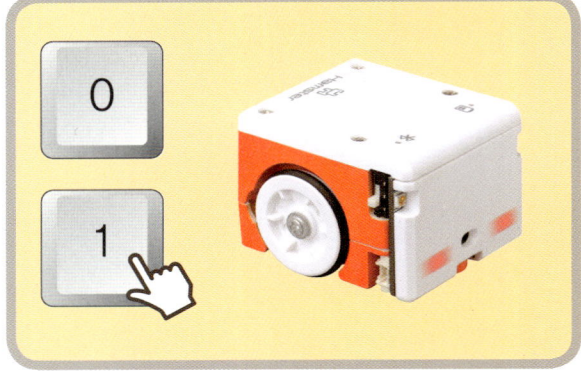

Step 1 키보드에서 숫자 0, 1을 누르면 그에 맞는 색깔의 불이 켜졌다가 1초 뒤 꺼집니다.

Step 2 역시 2부터 9까지의 숫자를 누르면 그에 맞는 색깔의 불이 켜졌다가 1초 뒤 꺼집니다.

Step 3 스페이스 키를 누르면 '삐-' 소리가 납니다. '삐-' 소리는 숫자 사이를 구분해 줍니다.

Step 4 엔터 키를 누르면 '도미솔' 소리가 납니다. 이 소리는 암호의 시작과 끝을 알려 줍니다.

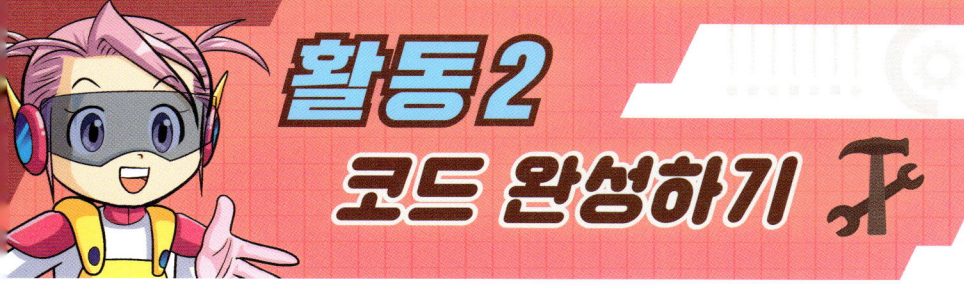

문제 해결 방법 생각하기

햄스터로 암호 신호를 보내려면 어떻게 해야 하는지 생각해 봅시다.

1 햄스터로 암호 신호를 보내려면 암호표가 필요합니다. 아래 암호표를 보면 왼쪽과 오른쪽에 모두 색깔이 있는데, 이것은 햄스터의 LED 색깔을 의미합니다. 예를 들어 왼쪽은 빨간색, 오른쪽은 초록색이 켜졌다면 숫자 ☐ 를 뜻합니다.

암호표

2 키보드의 숫자를 입력하면 그에 맞는 색깔이 표시되도록 코딩해야 합니다. 예를 들어 숫자 3을 입력하면 왼쪽에는 ☐ 이 켜지고, 오른쪽에는 ☐ 이 켜지도록 만들어야 합니다.

3 두 자리 숫자를 나타내거나 암호의 시작과 끝을 알리기 위해서는 소리 블록이 필요합니다. 상황과 블록을 알맞게 연결해 보세요.

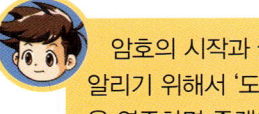 암호의 시작과 끝을 알리기 위해서 '도미솔'을 연주하면 좋겠어.

 삐 소리내기

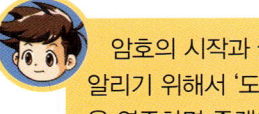 숫자를 하나씩 구분하기 위해서 '삐' 소리가 짧게 났으면 좋겠어.

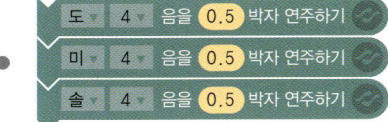

코딩 준비하기

1 햄스터와 엔트리를 연결합니다.

2 실행화면에 오브젝트를 추가합니다.

3 준비물❼ 암호표를 떼어 내 준비합니다.

	오른쪽				
	빨	노	초	파	보
왼쪽 빨	0	1	2	3	4
노	5	6	7	8	9

4 암호표에 어떤 숫자와 색깔들이 있는지 살펴봅니다.

암호표에 맞춰서 코딩해야 하니까 암호표를 잘 살펴봐야겠구나.

Step1 만들기

키보드에서 숫자 0, 1을 누르면 암호에 맞는 LED 색깔이 켜졌다가 1초 뒤 꺼집니다.

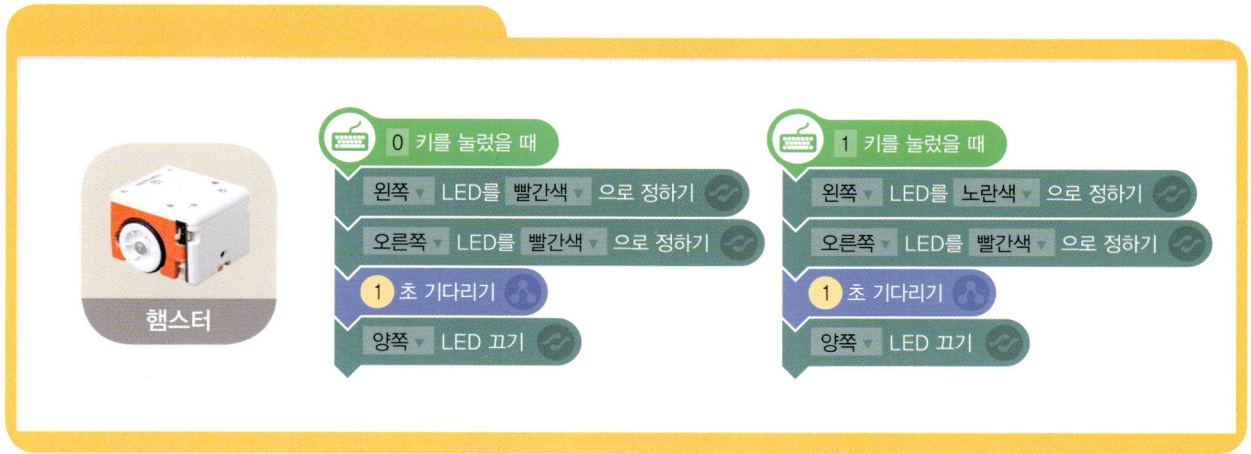

1 🚩 **시작** 블록꾸러미에서 ⌨ `q 키를 눌렀을 때` 를 끌어다 놓습니다.

2 `q` 를 클릭한 뒤, 실제 키보드의 'O' 키를 눌러 선택합니다.

3 〰 **하드웨어** 블록꾸러미에서 `왼쪽 LED를 빨간색으로 정하기` 를 두 번
끌어다 연결하고, ▼를 클릭해 차례대로 왼쪽, 오른쪽을 선택합니다.
▶ 왼쪽과 오른쪽 LED에 빨간색 불이 들어옵니다.

4 ⋏ **흐름** 블록꾸러미에서 `2 초 기다리기` 를 끌어다 연결하고, 1초로 바꿉니다.

5 〰 **하드웨어** 블록꾸러미에서 `왼쪽 LED 끄기` 를 끌어다 연결하고,
▼를 클릭해 양쪽을 선택합니다.
▶ 양쪽 LED가 꺼집니다.

6 **1**~**5** 를 반복해 숫자 1을 눌렀을 때에도 불이 켜지도록 조립합니다.
▶ 왼쪽 LED는 노란색, 오른쪽 LED는 빨간색을 선택합니다.

⚠️ 잠깐

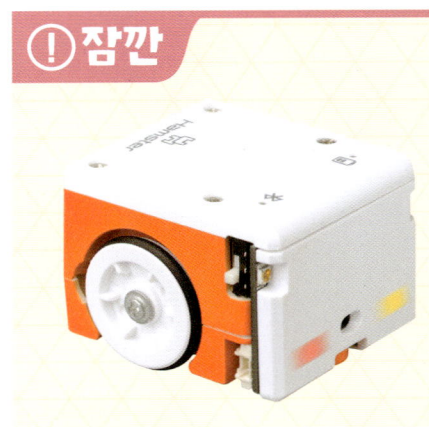

뭔가 이상하지 않나요? 암호표에는 숫자 1을 눌렀을 때 왼쪽이 '빨간색', 오른쪽이 '노란색'으로 되어 있습니다. 그런데 왜 반대로 조립할까요? 그건 햄스터가 아닌, 보는 사람 입장에서 코딩해야 하기 때문입니다. 그런데 블록은 햄스터 입장에서 코딩하도록 되어 있기 때문에 색을 반대로 해야 제대로 보이게 되는 것입니다. 실제로 코딩할 때는 LED 방향을 반대로 해야 한다는 것, 꼭 기억하세요!

 Step2 만들기

키보드에서 2~9까지의 숫자를 누르면 암호에 맞는 LED 색깔이 켜졌다가 1초 뒤 꺼집니다.

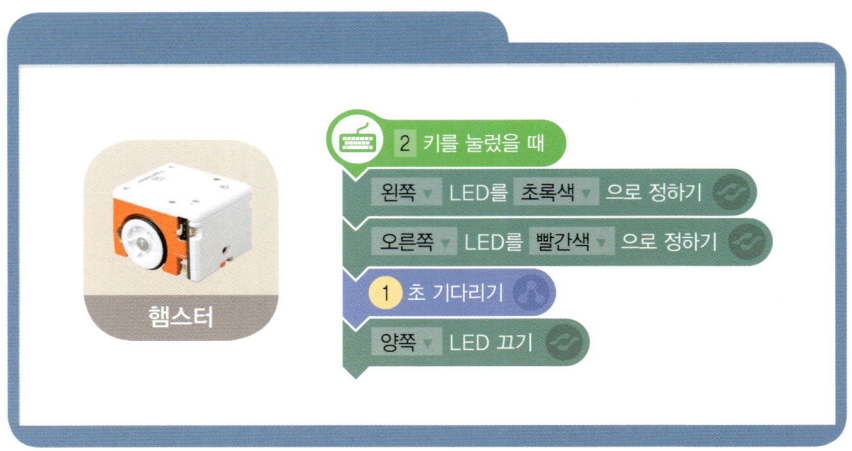

1 Step1 에서 만든 ⌨ 0 키를 눌렀을 때 코드에 마우스를 올려놓고 오른쪽을 클릭해, 코드 복사를 해 붙여 넣습니다.

▶ 코드가 그대로 복사됩니다.

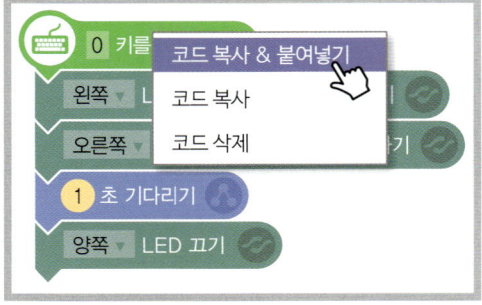

2 0 을 클릭한 뒤, 실제 키보드의 '2' 키를 눌러 선택합니다.

3 ▼를 클릭해 왼쪽 LED는 초록색, 오른쪽 LED는 빨간색을 선택합니다.

▶ 보는 사람의 입장에서 왼쪽은 '빨간색', 오른쪽은 '초록색'이 되어야 하므로 반대로 코딩합니다.

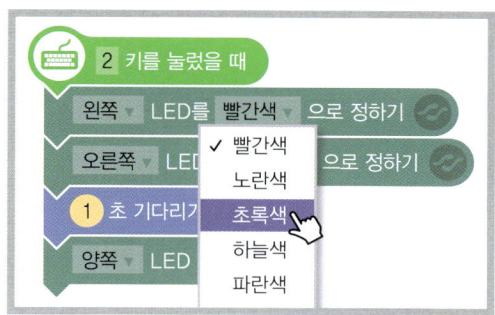

4 '복사 & 붙여넣기'를 이용해 9까지 숫자에 해당하는 코드를 만듭니다.

'복사 & 붙여넣기'는 편리한 방법입니다. 그런데 주의할 점이 있어요. 제일 처음 블록이 잘못되면 이후 블록도 잘못됩니다. 따라서 처음 만들 때 충분히 생각하고 오류가 없도록 만드는 것이 중요합니다.

Step3 만들기

스페이스 키를 누르면 '삐-' 소리가 납니다.

1 ▶ 시작 블록꾸러미에서  를 끌어다 놓습니다.

2 q 를 클릭한 뒤, 실제 키보드의 '스페이스' 키를 눌러 선택합니다.

3 〰️ 하드웨어 블록꾸러미에서 [삐 소리내기] 를 끌어다 연결합니다.
▶ 삐- 소리로 몇 자리 숫자인지 구분해 주는 것입니다.

⚠️ 잠깐 삐- 소리를 내는 다른 방법도 있어요

코딩에는 정답이 없다고 했죠? [삐 소리내기] 블록 외에도 삐- 소리를 낼 수 있는 다른 방법이 있습니다. 물론 [삐 소리내기] 블록을 사용하는 것이 가장 간단한 방법이지만, 다른 방법을 생각해 보면 코딩 연습을 좀 더 할 수 있을 것입니다.

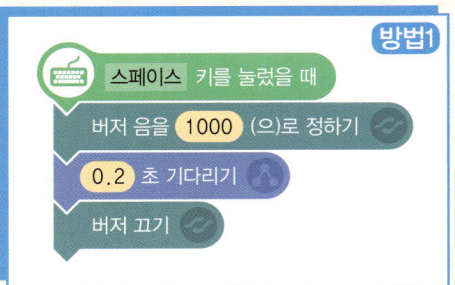

방법1

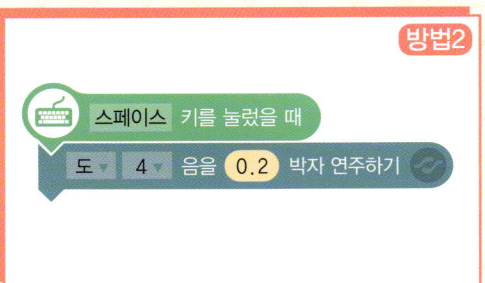

방법2

근데 삐- 소리는 왜 넣어 주는 거야?

예를 들어 1, 7을 전송할 때에는 숫자 1을 누르고 삐- 소리를 내고, 7을 누르고 삐- 소리를 내는 거야. 숫자 사이를 구분해 주는 거지.

아하! 그럼 17을 전송할 때에는 숫자 1, 7을 누른 다음에 삐- 소리를 내는 거구나?

맞아. 삐- 소리가 없으면 몇 자리 수인지 구분이 되지 않아서 암호를 만들 수가 없어.

Step4 만들기

엔터 키를 누르면 '도미솔' 소리가 납니다.

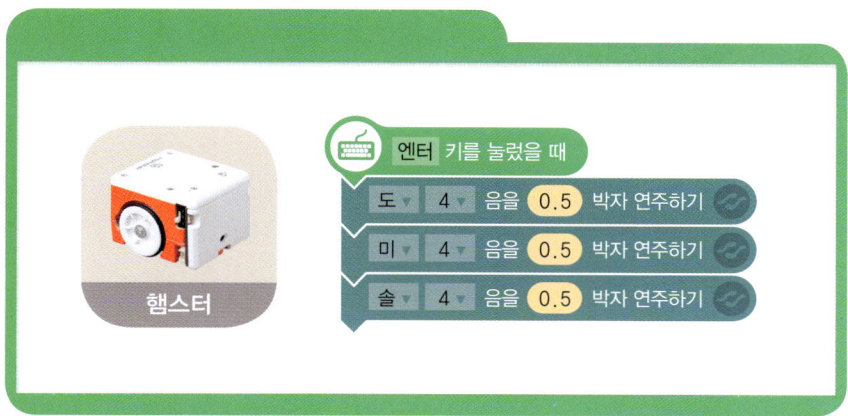

1 시작 블록꾸러미에서 [q 키를 눌렀을 때] 를 끌어다 놓고 [q] 를 클릭한 뒤, 실제 키보드의 '엔터' 키를 눌러 선택합니다.

2 하드웨어 블록꾸러미에서 [도 4 음을 0.5 박자 연주하기] 를 세 번 끌어다 연결하고, ▼를 클릭해 각각 도, 미, 솔을 선택합니다.
▶ 도, 미, 솔 순서대로 0.5박자씩 연주합니다. 이 소리는 암호의 시작과 끝을 알려 줍니다.

⚠ 잠깐 연주하기 블록을 알아볼까요?

햄스터로 음악도 연주할 수 있습니다. 연주하기 블록이 어떻게 생겼는지 살펴봅시다.

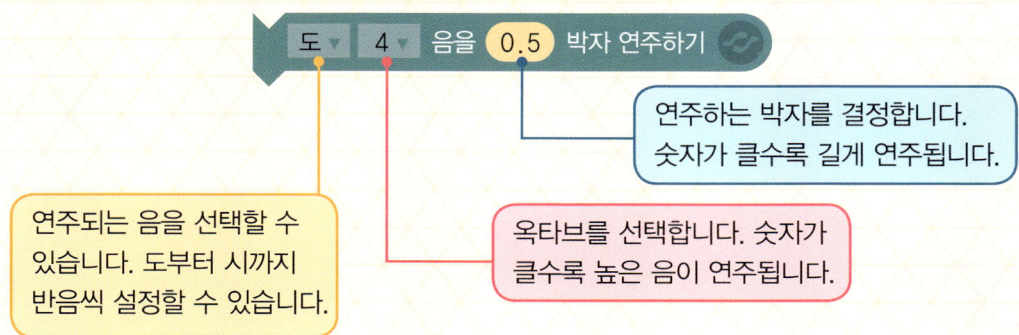

연주되는 음을 선택할 수 있습니다. 도부터 시까지 반음씩 설정할 수 있습니다.

옥타브를 선택합니다. 숫자가 클수록 높은 음이 연주됩니다.

연주하는 박자를 결정합니다. 숫자가 클수록 길게 연주됩니다.

 ## 암호 보내고 해독하기

코드를 완성했으면, 이제 햄스터를 이용해 암호를 보내고 해독해 볼까요?

1. 암호를 보내는 사람과 해독하는 사람을 정합니다.
2. 암호표를 뒤집어 보면, 뒤쪽에 각각의 숫자가 어떤 글자를 뜻하는지 적혀 있습니다.
3. 암호를 보내는 사람은 글자를 숫자로 바꿔 암호를 보냅니다. 엔터 키를 눌러 암호의 시작을 알리고, 숫자 사이는 삐- 소리로 구분합니다.
4. 암호를 해독하는 사람은 암호를 보며 숫자를 적습니다.
5. 암호를 다 보냈으면 다시 엔터 키를 눌러 암호가 끝났음을 알립니다.
6. 해독하는 사람은 암호표를 보며 글자를 조합해 암호를 해독합니다.

 아까 꼼지와 엔트리봇이 했던 암호를 해독해 볼까?

 숫자를 글자로 바꾸면 어떻게 되지?

오른쪽

	빨	노	초	파	보
빨 (왼쪽)	0	1	2	3	4
노	5	6	7	8	9

1 ㄱ	2 ㄴ	3 ㄷ	4 ㄹ	5 ㅁ	6 ㅂ	7 ㅅ
8 ㅇ	9 ㅈ	10 ㅊ	11 ㅋ	12 ㅌ	13 ㅍ	14 ㅎ
15 ㅏ	16 ㅑ	17 ㅓ	18 ㅕ	19 ㅗ	20 ㅛ	21 ㅜ
22 ㅠ	23 ㅡ	24 ㅣ				

숫자 8, 17, 5, 9, 24, 6, 15, 6, 19

암호 해독 엄지 바보

나보고 바보라고? 잡히기만 해 봐!

전체 코드 확인하기

블록이 잘 조립되었는지 확인하고, 시작하기 버튼을 눌러 실행해 봅시다.

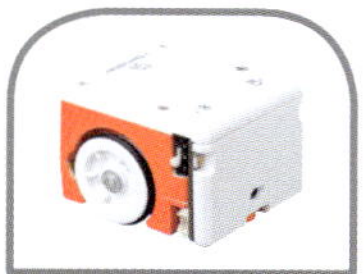

0 키를 눌렀을 때
- 왼쪽 LED를 빨간색으로 정하기
- 오른쪽 LED를 빨간색으로 정하기
- 1초 기다리기
- 양쪽 LED 끄기

1 키를 눌렀을 때
- 왼쪽 LED를 노란색으로 정하기
- 오른쪽 LED를 빨간색으로 정하기
- 1초 기다리기
- 양쪽 LED 끄기

2 키를 눌렀을 때
- 왼쪽 LED를 초록색으로 정하기
- 오른쪽 LED를 빨간색으로 정하기
- 1초 기다리기
- 양쪽 LED 끄기

3 키를 눌렀을 때
- 왼쪽 LED를 파란색으로 정하기
- 오른쪽 LED를 빨간색으로 정하기
- 1초 기다리기
- 양쪽 LED 끄기

4 키를 눌렀을 때
- 왼쪽 LED를 보라색으로 정하기
- 오른쪽 LED를 빨간색으로 정하기
- 1초 기다리기
- 양쪽 LED 끄기

5 키를 눌렀을 때
- 왼쪽 LED를 빨간색으로 정하기
- 오른쪽 LED를 노란색으로 정하기
- 1초 기다리기
- 양쪽 LED 끄기

6 키를 눌렀을 때
- 왼쪽 LED를 노란색으로 정하기
- 오른쪽 LED를 노란색으로 정하기
- 1초 기다리기
- 양쪽 LED 끄기

7 키를 눌렀을 때
- 왼쪽 LED를 초록색으로 정하기
- 오른쪽 LED를 노란색으로 정하기
- 1초 기다리기
- 양쪽 LED 끄기

8 키를 눌렀을 때
- 왼쪽 LED를 파란색으로 정하기
- 오른쪽 LED를 노란색으로 정하기
- 1초 기다리기
- 양쪽 LED 끄기

9 키를 눌렀을 때
- 왼쪽 LED를 보라색으로 정하기
- 오른쪽 LED를 노란색으로 정하기
- 1초 기다리기
- 양쪽 LED 끄기

엔터 키를 눌렀을 때
- 도 4 음을 0.5 박자 연주하기
- 미 4 음을 0.5 박자 연주하기
- 솔 4 음을 0.5 박자 연주하기

스페이스 키를 눌렀을 때
- 삐 소리내기

햄스터로 암호 보내기는 다른 친구와 비밀 이야기를 나눌 때 활용하면 재미있을 거예요. 이렇게 LED와 소리를 이용하면 여러 가지 활동을 할 수 있습니다. 그럼, 이제 LED와 소리를 이용해 멋지게 음악을 연주해 볼까요?

 햄스터로 동요 〈반짝반짝 작은 별〉을 연주해 보세요.
노래에 맞춰 LED 불빛이 계속 바뀌게 코딩하세요.

Tip
'♩ = 0.5 박자'로 코딩하면 됩니다.

미션을 해결했다면, 이제 당신의 햄스터는
'LED와 스피커 카드'를 얻었습니다.
정답은 106쪽에서 확인해 보세요!

6장
도난 방지 장치 만들기

햄스터에는 주변의 밝기를 감지할 수 있는 밝기 센서가 있습니다.
밝기 센서를 이용해 도난 방지 장치를 만들어 봅시다.

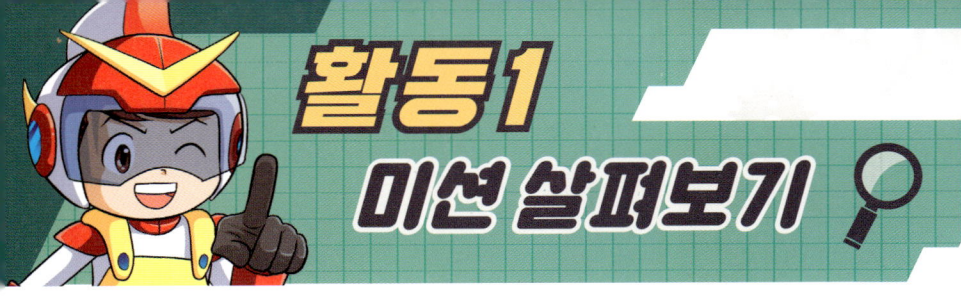

햄스터 움직임 미리보기

다음 주소 https://goo.gl/iGojr9 로 들어가면 완성된 코드를 확인할 수 있습니다. 작품명은 '햄스터로봇_06장'으로, 엔트리 사이트 공유하기에서 'whycoding5'를 검색해도 작품을 볼 수 있습니다.

미리보기 QR코드로 햄스터 움직임을 확인할 수 있어요.

 Step 1 밝기의 기준을 정해, 조건 블록에 적용합니다.

Step 2 밝기의 기준보다 높으면 상자가 열린 것이므로 도난 방지를 위한 버저 음이 울립니다.

 Step 3 밝기의 기준보다 낮으면 상자가 열리지 않은 것이므로 버저 음이 울리지 않습니다.

문제 해결 방법 생각하기

햄스터로 도난 방지 장치를 만들려면 어떻게 해야 하는지 생각해 봅시다.

1 엔트리 실행화면 왼쪽 아래의 아이콘을 클릭하면 센서 값을 볼 수 있습니다. 햄스터를 움직여 보며, 값들이 어떻게 변하는지 확인해 보세요.

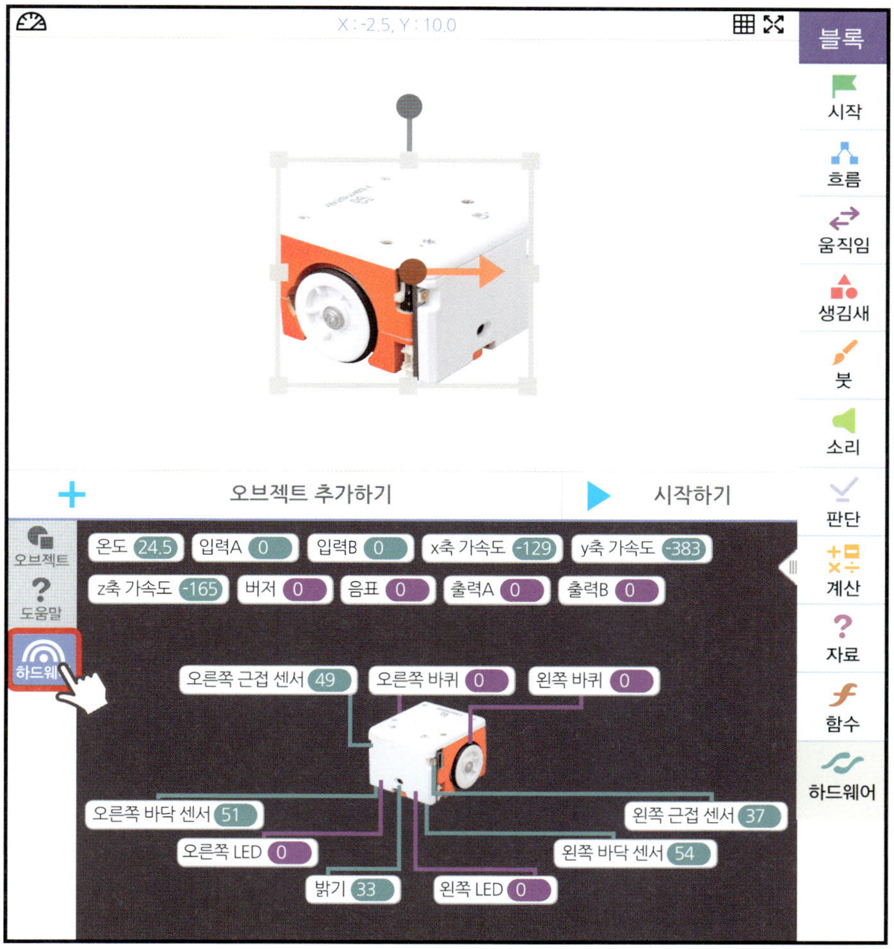

왼쪽·오른쪽 근접 센서

햄스터의 왼쪽 근접 센서와 오른쪽 근접 센서에 손을 가까이 가져갔다 멀리 했다 하면서 수치 변화를 관찰합니다.

▶ 손이 가까워지면 센서 값이 커지고, 멀어지면 센서 값이 작아집니다.

왼쪽·오른쪽 바닥 센서

햄스터를 위로 들어 올렸다 내려놨다 하면서 바닥 센서의 수치 변화를 관찰합니다.

▶ 바닥과 가까워지면 센서 값이 커지고, 멀어지면 센서 값이 작아집니다.

흰색 바닥에 닿았을 때와 검은색 바닥에 닿았을 때의 수치 변화를 관찰합니다.

▶ 흰색 바닥에 닿았을 때보다 검은색 바닥에 닿았을 때 센서 값이 더 작습니다.

2 햄스터를 상자에 넣고 상자의 뚜껑을 열었을 때와 닫았을 때의 밝기를 조사합니다.

	상자 뚜껑을 열었을 때	상자 뚜껑을 닫았을 때
밝기 센서 값		

3 관찰 결과, 상자가 열렸는지 판단하려면 밝기 기준을 [　　] 로 정하면 됩니다.

코딩 준비하기

1. 햄스터와 엔트리를 연결합니다.
2. 실행화면에 오브젝트를 추가합니다.
3. 준비물 ❽ 상자 전개도를 떼어 내 상자를 만듭니다.
   ▶ 빛이 들어가지 않도록 꼼꼼하게 잘 붙여 주어야 합니다.

> 다른 상자가 있으면 그 상자를 이용해도 좋습니다. 단, 뚜껑을 닫았을 때 전혀 빛이 들어가지 않는 상자여야 합니다.

완성 모습

Step 1 만들기

앞에서 실험한 값으로 밝기의 기준을 정하고, 밝기 기준보다 밝은지 판단하게 합니다.

1 시작 블록꾸러미에서 `시작하기 버튼을 클릭했을 때` 를 끌어다 놓습니다.

2 흐름 블록꾸러미에서 `계속 반복하기` 를 끌어다 연결합니다.
   ▶ 프로그램이 끝날 때까지 계속해서 판단하도록 반복 블록을 사용합니다.

3 흐름 블록꾸러미에서 `만일 참 이라면 아니면` 을 끌어다 반복 블록 안쪽에 연결합니다.
   ▶ 밝기를 판단해 밝을 때와 아닐 때의 명령을 다르게 내려 줍니다.

4 판단 블록꾸러미에서 `10 > 10` 을 끌어다 `참` 부분에 끼워 넣습니다.

5 하드웨어 블록꾸러미에서 `왼쪽 근접 센서` 를 끌어다 `10 > 10` 의 앞쪽 `10` 부분에 끼워 넣고, ▼를 클릭해 '밝기'를 선택합니다.
   뒤쪽 `10` 은 5로 바꿉니다.
   ▶ 밝기 기준을 '5'로 정해 주었으니, 이제 '5'를 기준으로 다른 명령이 실행될 것입니다.

> ⚠️ **잠깐** 햄스터 블록 중에서 동그란 모양의 블록은 노란 부분(🟡)에 모두 끼워 넣을 수 있습니다.

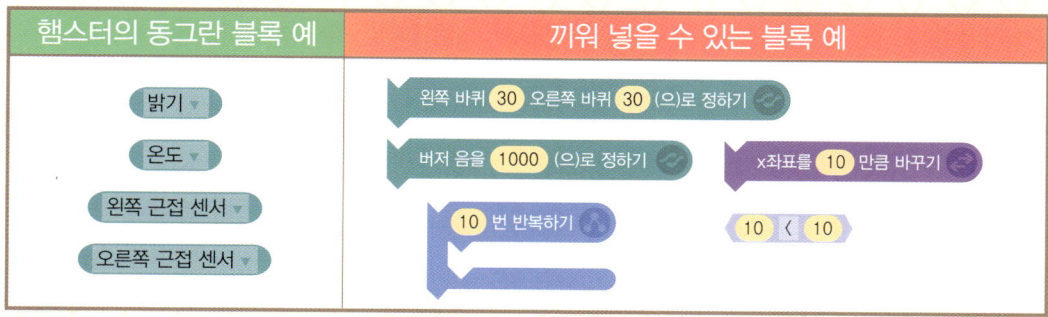

Step2 만들기

밝기 기준보다 밝기 센서 값이 높으면 버저 음이 울립니다.

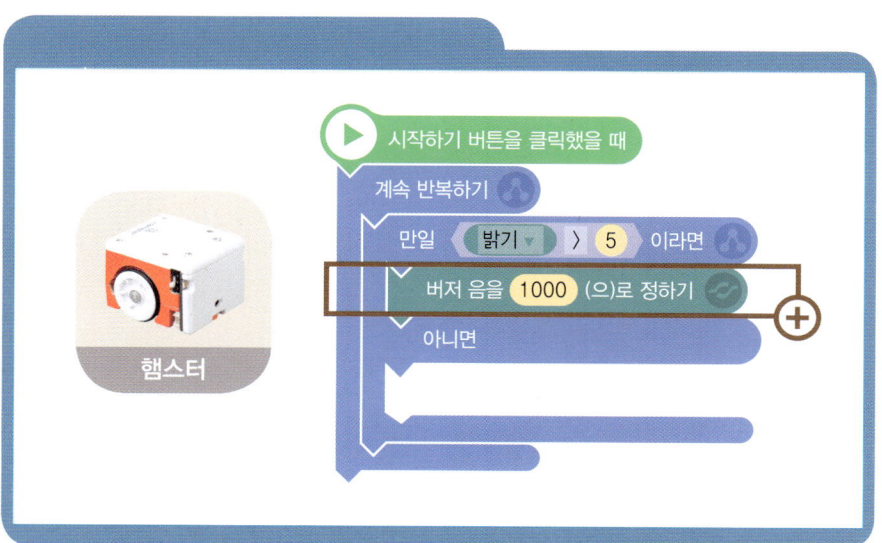

버저 음은 자신이 원하는 값으로 설정하면 됩니다.

1  하드웨어 블록꾸러미에서 `버저 음을 1000 (으)로 정하기` 를 끌어다 연결합니다.

2 햄스터를 상자에 넣고 프로그램을 실행시킨 뒤, 상자를 열어 버저가 울리는지 확인합니다.

Step3 만들기

밝기 기준보다 밝기 센서 값이 낮으면 버저 음이 울리지 않습니다.

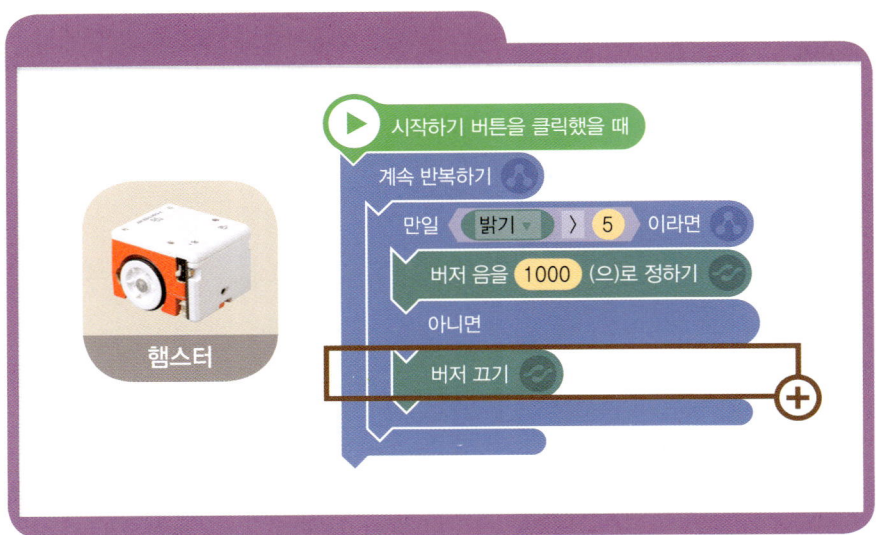

1 하드웨어 블록꾸러미에서 버저 끄기 를 끌어다 아니면 안쪽에 연결합니다.

2 햄스터를 상자에 넣고 프로그램을 실행해, 상자를 닫으면 버저가 울리지 않는지 확인합니다.

 ## 전체 코드 확인하기

블록이 잘 조립되었는지 확인하고, 시작하기 버튼을 눌러 실행해 봅시다.

```
▶ 시작하기 버튼을 클릭했을 때
계속 반복하기
  만일 밝기 > 5 이라면
    버저 음을 1000 (으)로 정하기
  아니면
    버저 끄기
```

햄스터

어? 여기에도 도난 방지 장치가?!

꼼지 너 또!

햄스터가 정말 재주가 많죠? 밝기를 감지해 도난 방지 장치로도 활용할 수 있고 말이에요. 햄스터의 밝기 센서를 사용하면 도난 방지 장치 외에도 다른 여러 가지 장치들을 만들 수 있습니다.

 어두울 때만 켜져서 에너지를 절약하는 가로등을 햄스터로 표현해 보세요.

Tip
어둡다고 느끼는 정도는 밝기 센서 값이 '10'보다 작을 때로 합니다.

 미션을 해결했다면, 이제 당신의 햄스터는 '밝기 센서 카드'를 얻었습니다.
정답은 107쪽에서 확인해 보세요!

7장
떨어지지 않는 햄스터

햄스터는 바닥에도 센서가 있습니다. 바닥 센서를 이용해 햄스터가 떨어지지 않게 하려면 어떻게 해야 할까요?

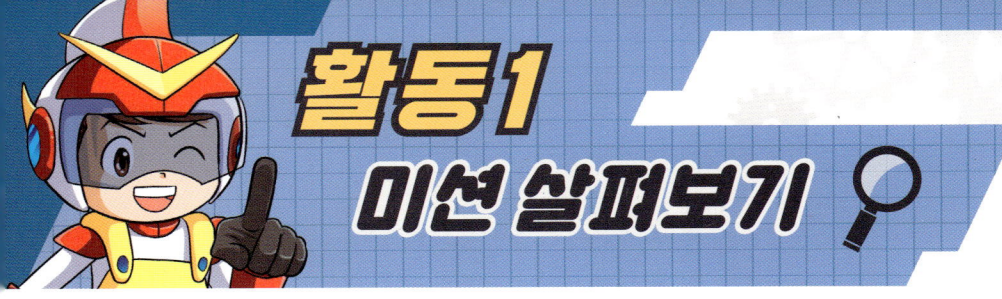

활동 1 미션 살펴보기

 **햄스터 움직임 미리보기**

다음 주소 https://goo.gl/gZM7Wx 로 들어가면 완성된 코드를 확인할 수 있습니다. 작품명은 '햄스터로봇_07장'으로, 엔트리 사이트 공유하기에서 'whycoding5'를 검색해도 작품을 볼 수 있습니다.

미리보기 QR코드로 햄스터 움직임을 확인할 수 있어요.

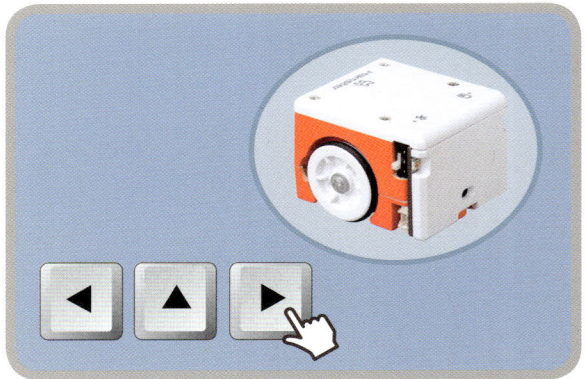

Step 1 키보드의 화살표 키에 따라 햄스터가 이동합니다.

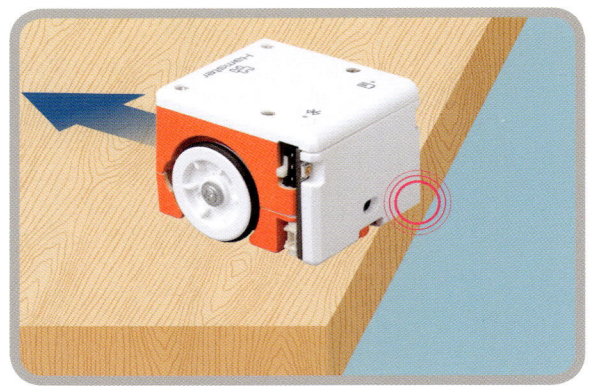

Step 2 왼쪽 바닥 센서 값이 기준보다 작으면 햄스터가 뒤로 이동합니다.

Step 3 오른쪽 바닥 센서 값이 기준보다 작으면 햄스터가 뒤로 이동합니다.

책상 위에 있을 때 바닥 센서 값과 책상 끝에 있을 때 바닥 센서 값을 관찰해서 기준을 정하면 됩니다.

 **문제 해결 방법 생각하기**

햄스터가 책상 아래로 떨어지지 않게 하려면 어떻게 해야 하는지 생각해 봅시다.

1 햄스터를 책상 가운데에서 가장자리로 이동시키면서 오른쪽 바닥 센서와 왼쪽 바닥 센서 값이 어떻게 변하는지 확인해 보세요.

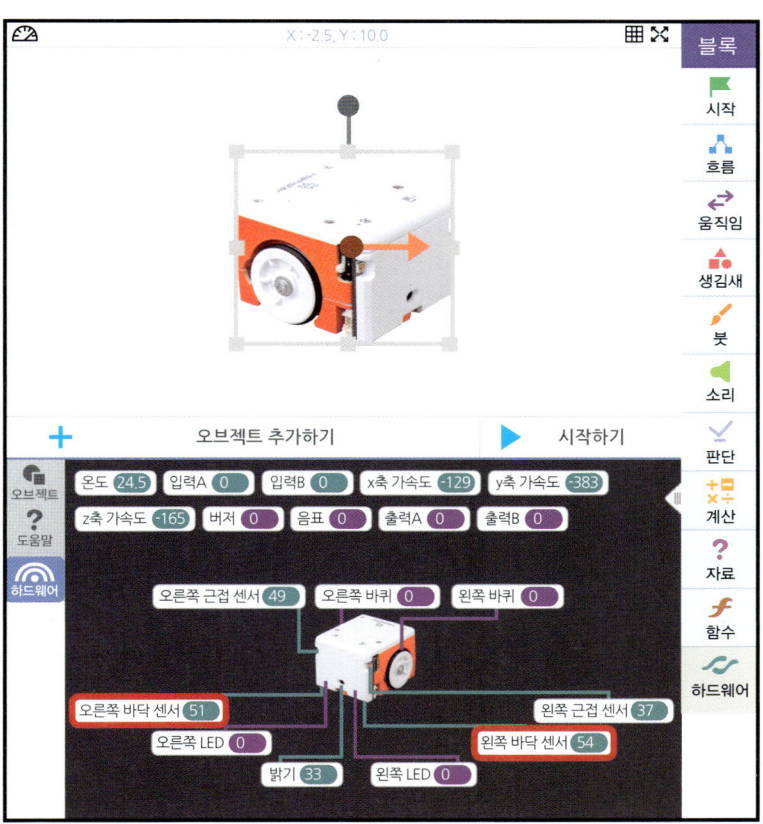

	책상 가운데 있을 때	책상 가장자리에 있을 때
바닥 센서 값		

81

2️⃣ 관찰 결과, 가장자리인지 판단하려면 바닥 센서 기준을 ☐ 으로 정하면 됩니다.

코딩 준비하기

1️⃣ 햄스터와 엔트리를 연결합니다.

2️⃣ 실행화면에 오브젝트를 추가합니다.

3️⃣ 평평한 책상 위에 햄스터를 놓습니다.

▶ 컴퓨터가 있는 곳에서 햄스터가 보이는 가까운 책상을 이용하는 게 좋습니다. 책상의 높이는 20cm 이상이 되는 것으로 하고, 책상 중앙과 가장자리의 센서 값이 차이가 크도록 색상이 밝은 책상을 사용합니다.

책상 색깔도 밝고, 높이도 이 정도면 적당해!

Step 1 만들기

키보드의 위쪽, 왼쪽, 오른쪽 화살표 키에 맞춰서 햄스터가 이동합니다.

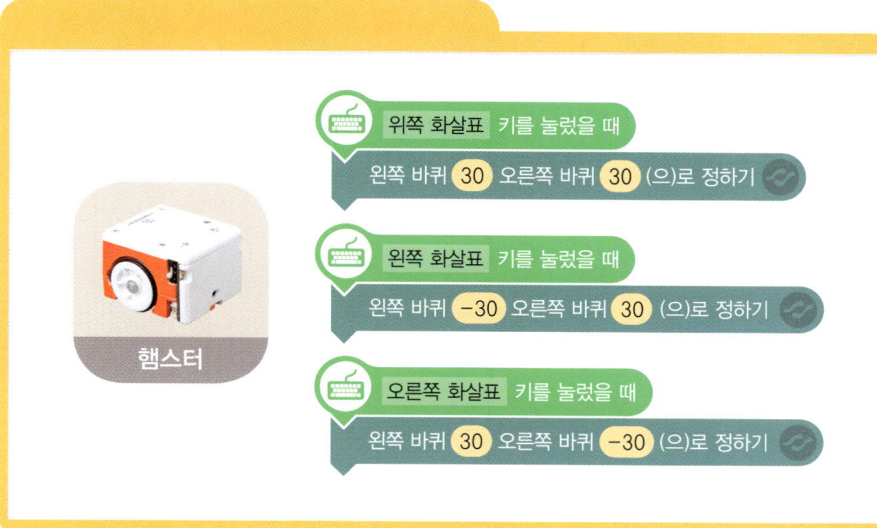

아래쪽 화살표는 블록을 조립하지 않습니다. 바닥 센서가 앞쪽에 있기 때문에 뒤로 가도록 하면 책상 끝을 탐지하지 못하고 아래로 떨어지기 때문입니다.

1 ▶ **시작** 블록꾸러미에서 `q 키를 눌렀을 때` 를 끌어다 놓습니다.

2 `q` 를 클릭한 뒤, 실제 키보드의 '위쪽 화살표' 키를 눌러 선택합니다.

3 〰 **하드웨어** 블록꾸러미에서 `왼쪽 바퀴 30 오른쪽 바퀴 30 (으)로 정하기` 를 끌어다 연결합니다.

4 방금 조립한 블록에 마우스를 대고 오른쪽 버튼을 클릭해, 코드 복사를 해 붙여 넣습니다.

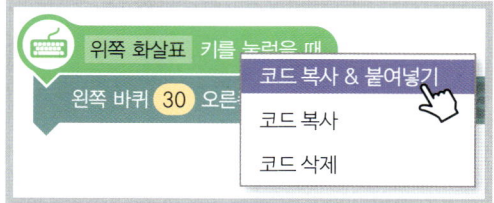

5 `q` 를 클릭한 뒤, 실제 키보드의 '왼쪽 화살표' 키를 눌러 선택합니다.

6 왼쪽 바퀴와 오른쪽 바퀴 값을 각각 -30과 30으로 바꿉니다.

7 한 번 더 코드 복사해 붙여 넣고, 오른쪽 화살표 키를 눌렀을 때의 코드도 조립합니다.

Step2 만들기

왼쪽 바닥 센서 값이 기준보다 작을 때, 뒤로 2초간 이동합니다.

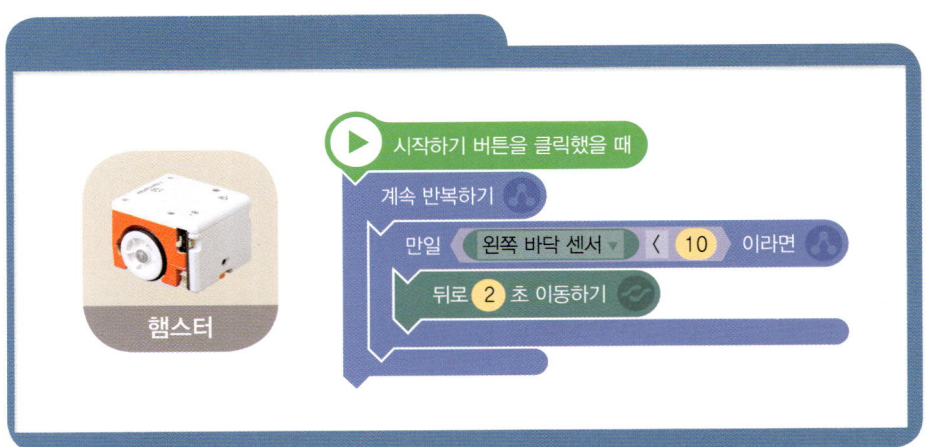

1 🚩 **시작** 블록꾸러미에서 ▶ 시작하기 버튼을 클릭했을 때 를 끌어다 놓습니다.

2 **흐름** 블록꾸러미에서 계속 반복하기 를 끌어다 연결합니다.

3 **흐름** 블록꾸러미에서 만일 참 이라면 을 끌어다 반복 블록 안쪽에 연결합니다.
▶ 바닥 센서 값의 조건을 판단해 명령을 내립니다.

4 **판단** 블록꾸러미에서 10 < 10 을 끌어다 참 부분에 끼워 넣습니다.
▶ 바닥 센서 값의 기준을 '10'으로 하여 10보다 값이 더 작은지 판단합니다.

5 **하드웨어** 블록꾸러미에서 왼쪽 근접 센서 를 끌어다 10 < 10 의 앞쪽 10 부분에 끼워 넣고, ▼를 클릭해 '왼쪽 바닥 센서'를 선택합니다.

6 **하드웨어** 블록꾸러미에서 뒤로 1 초 이동하기 를 끌어다 연결하고, 2초로 바꿉니다.

Step3 만들기

오른쪽 바닥 센서 값이 기준보다 작을 때, 뒤로 2초간 이동합니다.

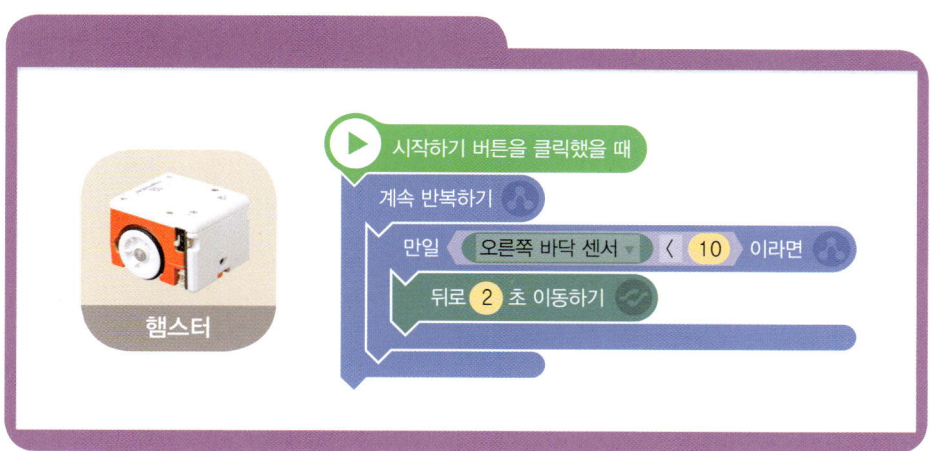

1. **시작** 블록꾸러미에서 시작하기 버튼을 클릭했을 때 를 끌어다 놓습니다.

2. **흐름** 블록꾸러미에서 계속 반복하기 를 끌어다 연결합니다.

3. **흐름** 블록꾸러미에서 만일 참 이라면 을 끌어다 반복 블록 안쪽에 연결합니다.

4. **판단** 블록꾸러미에서 10 < 10 을 끌어다 참 부분에 끼워 넣습니다.

5. **하드웨어** 블록꾸러미에서 왼쪽 근접 센서 를 끌어다 10 < 10 의 앞쪽 10 부분에 끼워 넣고, ▼를 클릭해 '오른쪽 바닥 센서'를 선택합니다.

6. **하드웨어** 블록꾸러미에서 뒤로 1 초 이동하기 를 끌어다 연결하고, 2초로 바꿉니다.

앞의 코드를 복사해서 붙여 넣은 뒤, 블록 값만 수정해도 됩니다.

전체 코드 확인하기

블록이 잘 조립되었는지 확인하고, 시작하기 버튼을 눌러 실행해 봅시다.

햄스터야, 아까는 미안~. 이제 떨어질 일 없을 거야.

⚠️ 잠깐   더 간단하게 블록을 조립할 수 있어요

엔트리에서 코딩을 하다 보면 블록이 너무 많거나 복잡할 때가 있습니다.
그러면 코드를 확인할 때 시간이 많이 걸립니다. 그래서 코딩은 늘 중복되는 것은
줄이고 간단하게 조립하는 것을 권장합니다.
아래 코드는 똑같이 햄스터가 떨어지지 않도록 만든 것입니다.
앞에서 조립한 코드와 어떤 차이가 있는지 잘 살펴보세요.

방법 1

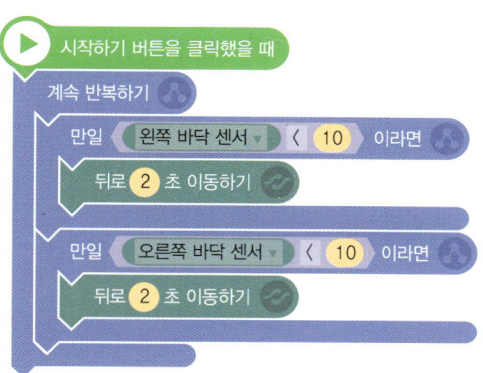

왼쪽 바닥 센서와 오른쪽 바닥 센서 코드를 따로 만들지 않고, 반복하기 블록 안쪽에 함께 조립했습니다. 이렇게 코딩하면, 실제로 프로그램이 실행될 때에는 왼쪽 바닥 센서가 먼저 인식하고, 그 다음 오른쪽 바닥 센서가 인식하게 됩니다. 하지만 워낙 빨리 실행되기 때문에 거의 동시에 이루어지는 것처럼 느껴집니다.

방법 2

〈 참 〉 또는 〈 거짓 〉 을 이용해서 하나의 조건 블록 안에 왼쪽 바닥 센서와 오른쪽 바닥 센서 값을 모두 넣었습니다. 양쪽 바닥 센서 중 하나만 10보다 작아도 블록이 실행되기 때문에 실행 결과는 같습니다.

⚠️ 잠깐 내가 그린 선을 따라 햄스터가 움직이게 할 수 있어요

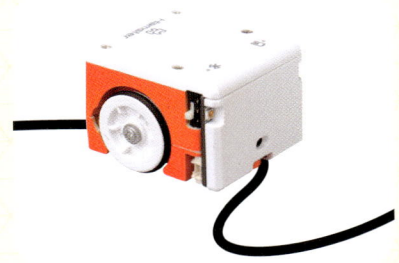

바닥 센서를 이용하면 내가 그리는 선대로 햄스터가 따라가게 할 수 있습니다. 바닥 센서가 검은색 선을 인식해 움직이는 것이지요. 엔트리 사이트에 보면 선을 따라가게 하는 블록이 이미 만들어져 있습니다. 블록을 이용해서 선을 따라가게 코딩해 볼까요?

❶ 선을 따라 이동시키는 블록에는 어떤 것들이 있는지 확인합니다.

`검은색 ▼ 선을 왼쪽 ▼ 바닥 센서로 따라가기`	하얀 바탕에 검은색 선이 있을 때, 그 선을 따라가게 하는 블록입니다. 검은색 대신 하얀색 선을 따라가게도 할 수 있고, 오른쪽 바닥 센서나 양쪽 바닥 센서로 선을 따라가게도 할 수 있습니다. 왼쪽 바닥 센서로 선을 따라가게 하면 오른쪽으로 회전하면서 선을 찾고, 오른쪽 바닥 센서로 선을 따라가게 하면 왼쪽으로 회전하면서 선을 찾습니다.
`검은색 ▼ 선을 따라 왼쪽 ▼ 교차로까지 이동하기`	양쪽의 센서를 모두 이용해 검은색 선을 찾아서 왼쪽 교차로까지 이동하게 하는 블록입니다. 교차로를 만나면 이동을 멈춥니다. 하얀색 선을 따라가게 하거나 오른쪽, 앞쪽, 뒤쪽 교차로까지 이동하게 할 수 있습니다.
`선 따라가기 속도를 5 ▼ (으)로 정하기`	선을 따라가는 속도를 정할 수 있습니다. 수치가 클수록 속도가 빨라집니다.

❷ 하얀 종이를 준비하고 햄스터가 따라갈 길을 그립니다.

> 1센티미터면 꽤 두껍게 그려야 하네.

Tip 선 그릴 때 주의할 점

※ 선이 너무 얇으면 찾지 못할 수 있습니다. 두께가 1cm 이상이 되도록 그립니다.
※ 검은색 사인펜이나 색연필이 좋습니다. 사인펜이나 색연필이 없다면 진한 연필로 그려도 활동이 가능합니다.
※ 검은색이 아닌 다른 색으로 그리면 잘 안 되는 경우가 많습니다.

❸ 왼쪽 바닥 센서로 따라가게 코딩합니다.

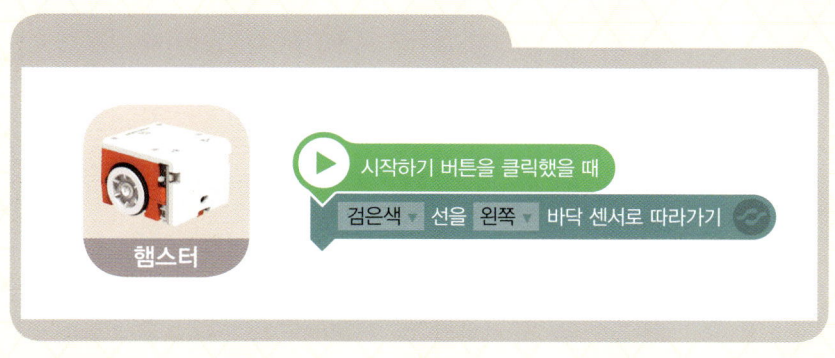

1 ▶ 시작 블록꾸러미에서 [시작하기 버튼을 클릭했을 때] 를 끌어다 놓습니다.

2 〰 하드웨어 블록꾸러미에서 [검은색 선을 왼쪽 바닥 센서로 따라가기] 를 끌어다 연결합니다.

책상에서 떨어지지 않고 알아서 뒤로 이동도 하고…, 햄스터가 점점 더 똑똑해지는 것 같지 않나요? 햄스터의 바닥 센서가 낭떠러지를 판단할 수 있기 때문에 가능한 일이지요. 그렇다면 바닥 센서를 이용해 조금 다른 코딩을 해 볼까요?

햄스터가 바닥에 그려진 검은색 사각형을 만나면 제자리에 멈추도록 코딩해 보세요.

Tip
바닥 색깔이 흰색에 가까울 때와 검은색에 가까울 때 햄스터 센서 값의 변화를 살펴보세요.
준비물 ❾ 바닥판을 떼어 내 사용하세요.

 미션을 해결했다면, 이제 당신의 햄스터는 '바닥 센서 카드'를 얻었습니다.
정답은 108쪽에서 확인해 보세요!

8장
장애물을 피해 가는 햄스터

이제 꼼지와 엄지가 자연스럽게 코딩을 떠올리네요.
근접 센서를 이용해 햄스터가 장애물을 피해 가게 만들어 봅시다.

활동1 미션 살펴보기

🤖 햄스터 움직임 미리보기

다음 주소 https://goo.gl/H9qafE 로 들어가면 완성된 코드를 확인할 수 있습니다. 작품명은 '햄스터로봇_08장'으로, 엔트리 사이트 공유하기에서 'whycoding5'를 검색해도 작품을 볼 수 있습니다.

미리보기 QR코드로 햄스터 움직임을 확인할 수 있어요.

Step 1 프로그램이 실행되면 햄스터가 30의 속도로 앞으로 이동합니다.

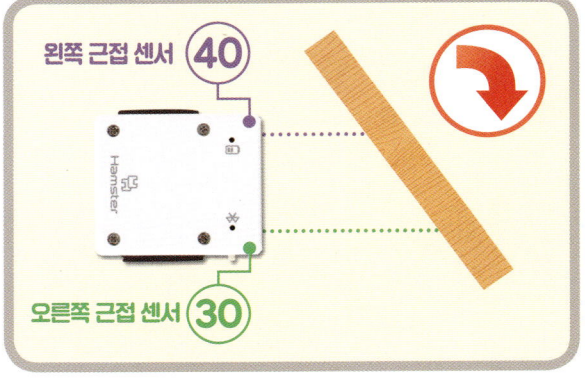

Step 2 근접 센서 값이 기준보다 크고, 왼쪽 근접 센서 값이 오른쪽보다 더 크면 오른쪽으로 회전합니다.

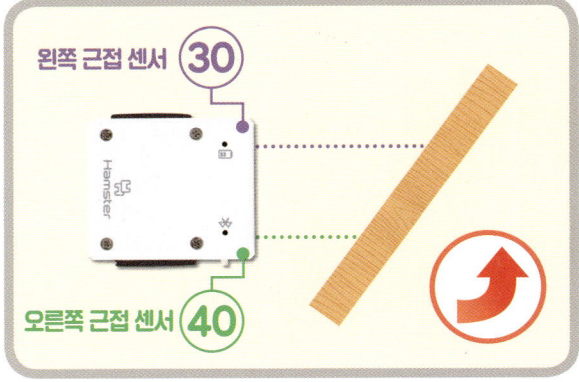

Step 3 근접 센서 값이 기준보다 크고, 오른쪽 근접 센서값이 왼쪽보다 더 크면 왼쪽으로 회전합니다.

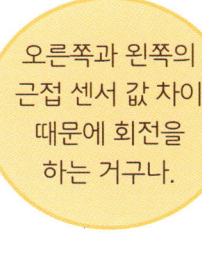

오른쪽과 왼쪽의 근접 센서 값 차이 때문에 회전을 하는 거구나.

문제 해결 방법 생각하기

햄스터가 장애물을 피해 가게 하려면 어떻게 해야 하는지 생각해 봅시다.

1 장애물이 가까이 있는지 판단하려면 근접 센서 값이 [   ] 보다 큰지 판단해야 합니다.

2 아래 그림과 같은 상황에서, 왼쪽 근접 센서 값과 오른쪽 근접 센서 값의 관계가 어떻게 되어야 할지 생각하며 [> < =] 중 알맞은 부등호를 적어 보세요.

왼쪽 근접 센서 값 ◯ 오른쪽 근접 센서 값

왼쪽 근접 센서 값 ◯ 오른쪽 근접 센서 값

왼쪽 근접 센서 값 ◯ 오른쪽 근접 센서 값

3 햄스터에 장애물을 가까이 가져가면서 왼쪽 근접 센서 값과 오른쪽 근접 센서 값이 어떻게 변하는지 확인해 보세요.

	장애물이 가까워질 때	장애물이 멀어질 때
근접 센서 값의 변화		

코딩 준비하기

1 햄스터와 엔트리를 연결합니다.

2 실행화면에 오브젝트를 추가합니다.

3 준비물❿ 장애물 전개도를 떼어 내 오리고 접어서 장애물을 만듭니다.

장애물을 만들지 않고, 집에 있는 블록이나 물체를 사용해도 괜찮습니다.

완성 모습

 **Step 1 만들기**

햄스터가 30의 속도로 앞으로 갑니다.

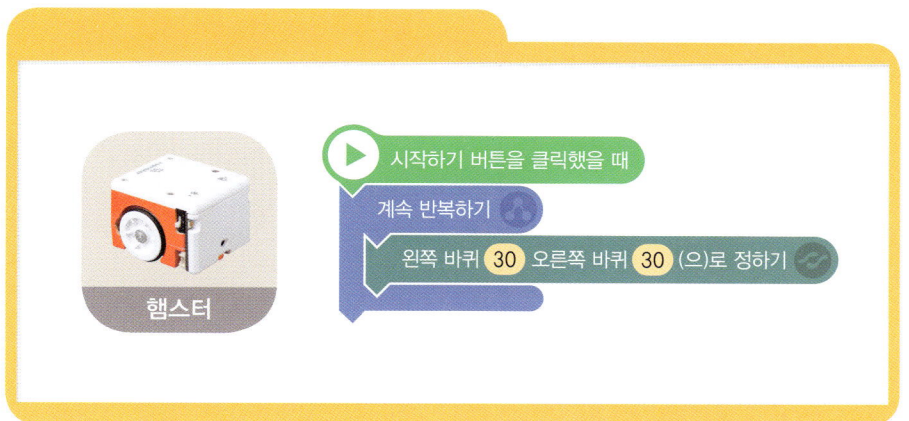

1. 시작 블록꾸러미에서 "시작하기 버튼을 클릭했을 때"를 끌어다 놓습니다.

2. 흐름 블록꾸러미에서 "계속 반복하기"를 끌어다 연결합니다.
   ▶ 프로그램이 시작되면 센서 값을 계속 확인해야 하므로, 반복 블록을 사용합니다.

3. 하드웨어 블록꾸러미에서 "왼쪽 바퀴 30 오른쪽 바퀴 30 (으)로 정하기"를 끌어다 연결합니다.

잠깐 "앞으로 1 초 이동하기"를 사용해도 될까요?

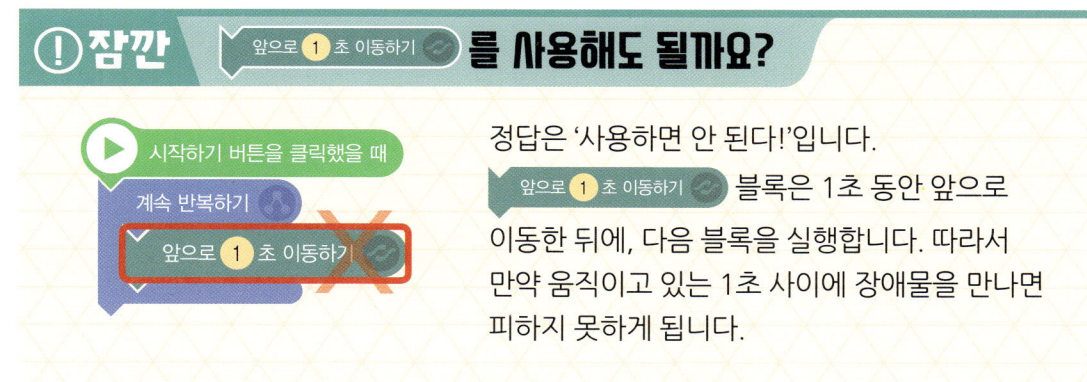

정답은 '사용하면 안 된다!'입니다.
"앞으로 1 초 이동하기" 블록은 1초 동안 앞으로 이동한 뒤에, 다음 블록을 실행합니다. 따라서 만약 움직이고 있는 1초 사이에 장애물을 만나면 피하지 못하게 됩니다.

Step2 만들기

근접 센서 값이 기준보다 크고, 왼쪽 근접 센서 값이 오른쪽보다 더 크면 오른쪽으로 회전합니다.

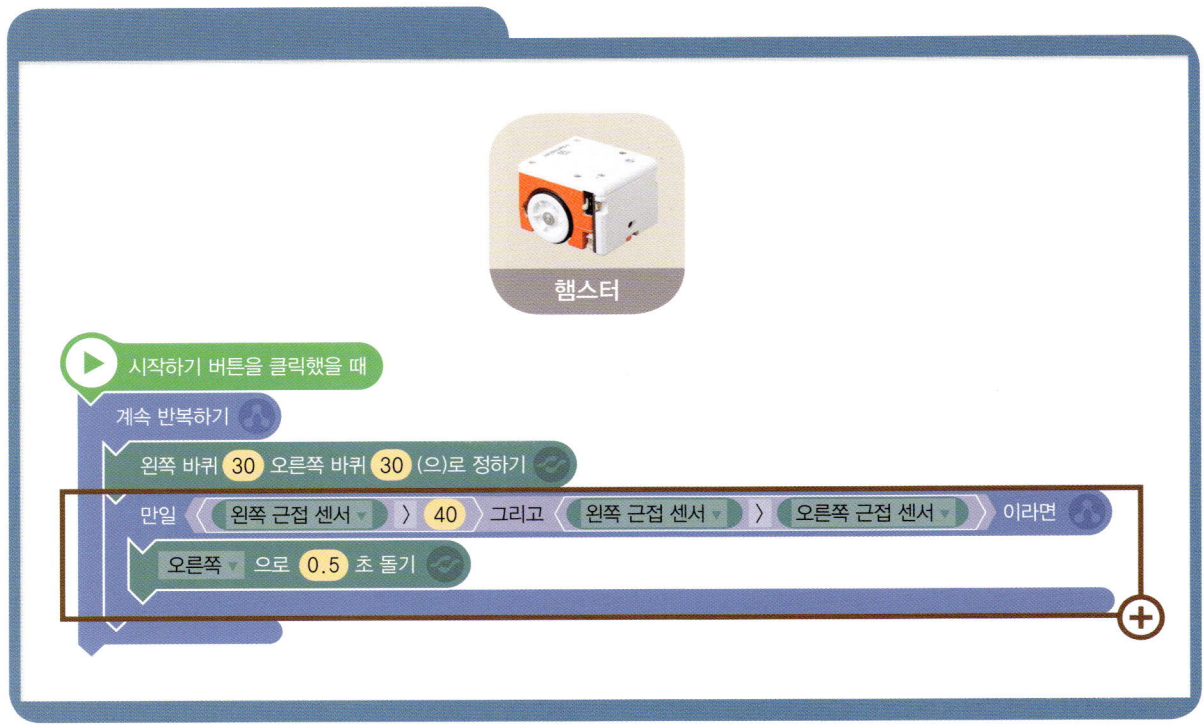

1 흐름 블록꾸러미에서 `만일 참 이라면` 을 끌어다 연결합니다.

▶ 근접 센서 값의 조건을 정해 주는 것입니다.

2 판단 블록꾸러미에서 `참 그리고 참` 을 끌어다 빈 곳에 놓고, 아래 그림처럼 블록을 조립합니다.

3 위에서 조립한 블록을 `만일 참 이라면` 의 `참` 부분에 끼워 넣습니다.

4 하드웨어 블록꾸러미에서 `왼쪽으로 1 초 돌기` 를 끌어다 조건 블록 안쪽에 연결하고, ▼를 클릭해 '오른쪽'을 선택합니다. 시간은 0.5초로 바꿉니다.

▶ 왼쪽 근접 센서 값이 오른쪽보다 더 크다는 건 왼쪽 근접 센서에 장애물이 더 가까이 있다는 뜻이므로, 오른쪽으로 0.5초간 회전하게 합니다.

Step3 만들기

근접 센서 값이 기준보다 크고, 오른쪽 근접 센서 값이 왼쪽보다 더 크면 왼쪽으로 회전합니다.

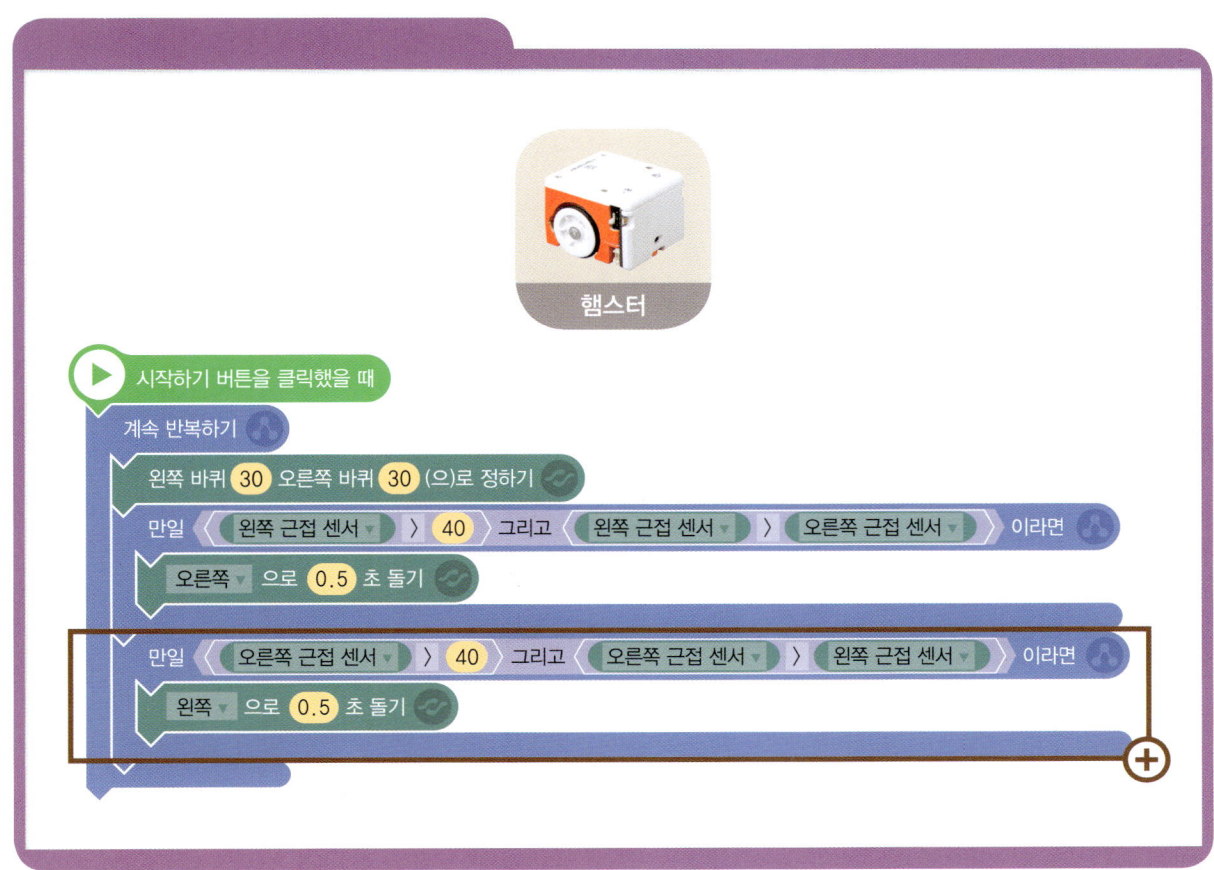

1 ⏣ 흐름 블록꾸러미에서 `만일 참 이라면` 을 끌어다 연결합니다.

2 ✓ 판단 블록꾸러미에서 `참 그리고 참` 을 끌어다 빈 곳에 놓고, 아래 그림처럼 블록을 조립합니다.

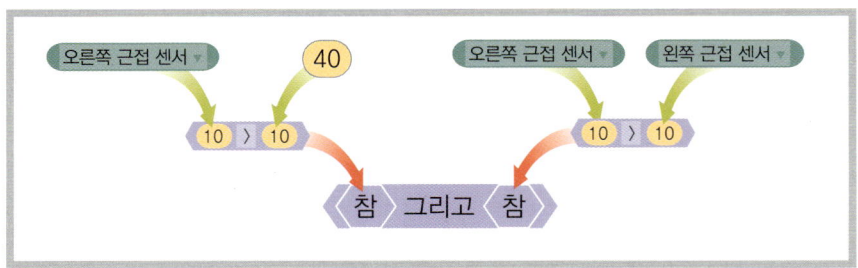

3 위에서 조립한 블록을 `만일 참 이라면` 의 `참` 부분에 끼워 넣습니다.

4 ～ 하드웨어 블록꾸러미에서 `왼쪽으로 1 초 돌기` 를 끌어다 조건 블록 안쪽에 연결하고, 시간을 0.5초로 바꿉니다.

▶ 오른쪽 근접 센서 값이 왼쪽보다 더 크다는 건 오른쪽 근접 센서에 장애물이 더 가까이 있다는 뜻이므로, 왼쪽으로 0.5초간 회전하게 합니다.

센서 값이 작은 쪽으로 회전하는구나.

전체 코드 확인하기

블록이 잘 조립되었는지 확인하고, 시작하기 버튼을 눌러 실행해 봅시다.

햄스터

```
시작하기 버튼을 클릭했을 때
계속 반복하기
    왼쪽 바퀴 30 오른쪽 바퀴 30 (으)로 정하기
    만일 <왼쪽 근접 센서> > 40 그리고 <왼쪽 근접 센서> > <오른쪽 근접 센서> 이라면
        오른쪽으로 0.5 초 돌기
    만일 <오른쪽 근접 센서> > 40 그리고 <오른쪽 근접 센서> > <왼쪽 근접 센서> 이라면
        왼쪽으로 0.5 초 돌기
```

코딩 Level Up!

이제 햄스터의 기본적인 센서를 모두 다뤄 보았습니다. 그럼, 지금까지 배운 내용을 종합해 다음 미션에 도전해 보세요!

 아래 조건에 맞춰서 햄스터가 준비물⓫ 벽돌 미로판을 통과하게 만들어 보세요.

 조건

❶ 햄스터 스스로 미로를 통과해야 하고, 도착 지점에서는 스페이스 키를 눌러 멈추게 합니다.
❷ 밤에 이동하는 상황입니다. 출발과 동시에 양쪽 LED에 하얀 불이 켜져야 합니다.
❸ 미로의 벽을 만나면, '도미솔' 소리를 내며 왼쪽으로 회전해야 합니다.
❹ 바닥에 검은색 사각형이 있으면, '도파라' 소리를 내며 오른쪽으로 회전해야 합니다.
❺ 속도 제한은 30입니다.

마지막 미션까지 훌륭히 잘 해결했나요? 이제 당신의 햄스터 로봇은 '근접 센서 카드'를 얻었습니다. 드디어 햄스터의 모든 기본 카드를 얻은 것입니다. 늘어난 카드만큼 여러분의 코딩 실력도 더욱 업그레이드되었습니다. 앞으로 더욱 실력을 키워 햄스터를 똑똑한 로봇으로 키워 보세요!

정답은 109쪽에서 확인해 보세요!

코딩 Level Up! 정답 페이지

미리보기 QR코드로 햄스터 움직임을 확인해 보세요.

▶  블록과 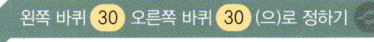 블록을 사용해 실험하고, 결과를 정리합니다.

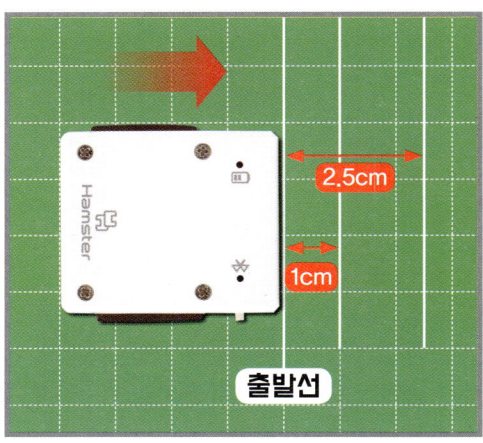

구분	앞으로 1 초 이동하기 블록을 사용했을 때	속도를 10으로 했을 때	속도를 30으로 했을 때
1초간 이동한 거리	2.5 cm	1cm	2.5 cm

코드 완성

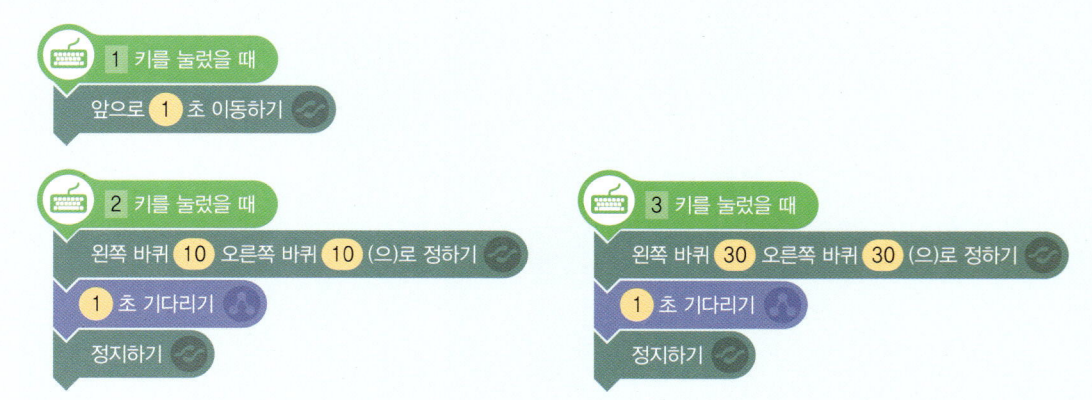

미리보기 QR코드로 햄스터 움직임을 확인해 보세요.

▶ 속도 제한이 20인 구간과 후진해야 하는 구간에 주의하며 코딩합니다.

코드 완성

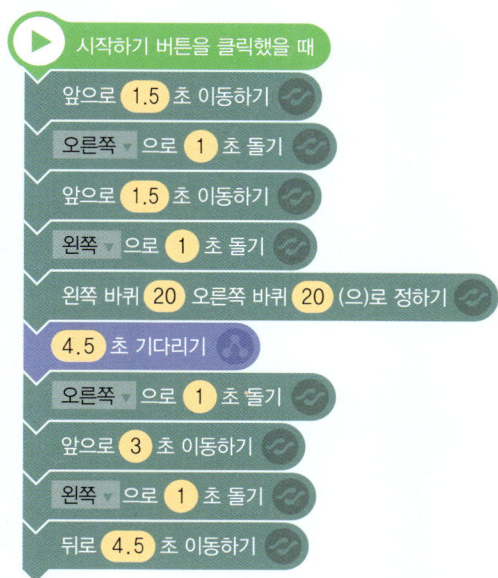

미리보기 QR코드로 햄스터 움직임을 확인해 보세요.

▶ 햄스터가 종이컵에 부딪히지 않고 회전하도록 여러 번 실험하면서 바퀴 속도를 정하고, 한 바퀴 도는 데 몇 초가 걸리는지 계산해 30초 안에 미션을 완성하도록 코딩합니다.

바퀴 속도 정하기

 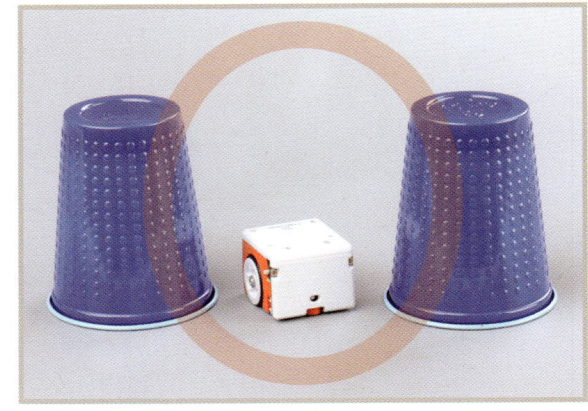

코드 완성

```
시작하기 버튼을 클릭했을 때
왼쪽 바퀴 100 오른쪽 바퀴 60 (으)로 정하기
2.5 초 기다리기
왼쪽 바퀴 60 오른쪽 바퀴 100 (으)로 정하기
5 초 기다리기
왼쪽 바퀴 100 오른쪽 바퀴 60 (으)로 정하기
2.5 초 기다리기
정지하기
```

바퀴 속도와 이동 시간을 조금씩 조정해 보세요!

미리보기 QR코드로 햄스터 움직임을 확인해 보세요.

▶ 엔터 키를 누르면 왼쪽으로 두 번, 오른쪽으로 두 번 회전하도록 코딩합니다.

코드 완성

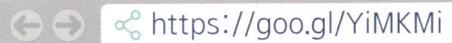 

미리보기 QR코드로 햄스터 움직임을 확인해 보세요.

▶ 〈반짝반짝 작은 별〉의 악보를 검색해 계이름을 확인한 뒤, 음과 박자에 맞게 값을 수정합니다. LED 불빛은 원하는 색으로 계속 바뀌도록 코딩하면 됩니다.

코드 완성

이 부분은 뒤쪽에서 다시 한 번 반복됩니다. 코드가 너무 길어 다 싣지 못했습니다. 전체 코드는 완성 작품에서 확인하세요.

미리보기 QR코드로
햄스터 움직임을
확인해 보세요.

▶ 어둡다고 느끼는 정도를 10으로 하기로 했기 때문에
밝기 센서 값이 10보다 작을 때 가로등처럼 불이 켜지도록 코딩합니다.

밝기 센서 값이 10보다 클 때

밝기 센서 값이 10보다 작을 때

코드 완성

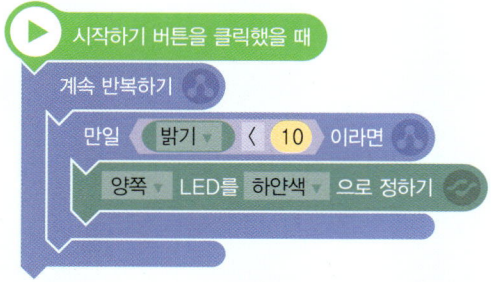

어두워지면
불이 켜지는 햄스터라니,
멋지다!

▶ 바닥에 검은색이 있는 경우, 센서 값이 10보다 작아지게 됩니다.
센서 값이 10보다 작아질 때 멈추도록 코딩합니다.

검은색 칸에 닿았을 때

센서 값이 10보다 작아져 멈춥니다.

코드 완성

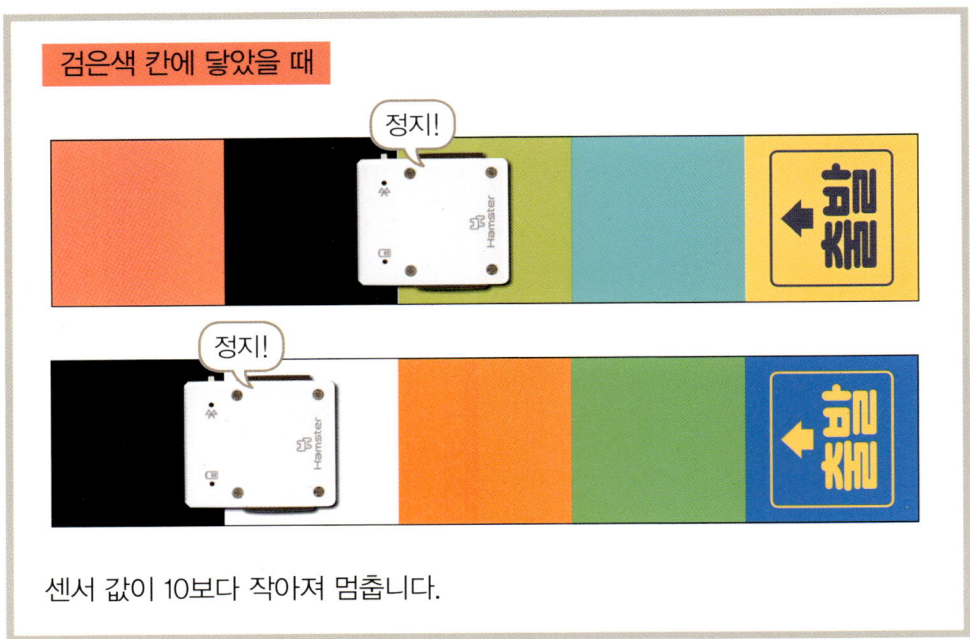

https://goo.gl/zf3dUF

미리보기 QR코드로 햄스터 움직임을 확인해 보세요.

▶ 미션에 제시된 5가지 조건을 보면서 차근차근 하나씩 만들어 가면 됩니다.

조건

❶ 햄스터 스스로 미로를 통과해야 하고, 도착 지점에서는 스페이스 키를 눌러 멈추게 합니다.
　▶ 출발 지점을 출발한 햄스터가 도착 지점에 다다르면 정지하기 블록을 이용합니다.

❷ 밤에 이동하는 상황입니다. 출발과 동시에 양쪽 LED에 하얀 불이 켜져야 합니다.
　▶ 프로그램이 시작되면 바로 LED가 켜지게 합니다.

❸ 미로의 벽을 만나면, '도미솔' 소리를 내며 왼쪽으로 회전해야 합니다.
　▶ 근접 센서를 이용해 벽을 감지하게 하고, 연주하기 블록을 이용해 '도미솔' 음을 내게 합니다.

❹ 바닥에 검은색 사각형이 있으면, '도파라' 소리를 내며 오른쪽으로 회전해야 합니다.
　▶ 바닥 센서를 이용해 사각형을 감지하게 하고, 연주하기 블록을 이용해
　　 '도파라' 음을 내게 합니다.

❺ 속도 제한은 30입니다.
　▶ 바퀴 속도를 30으로 정합니다.

벽돌 미로

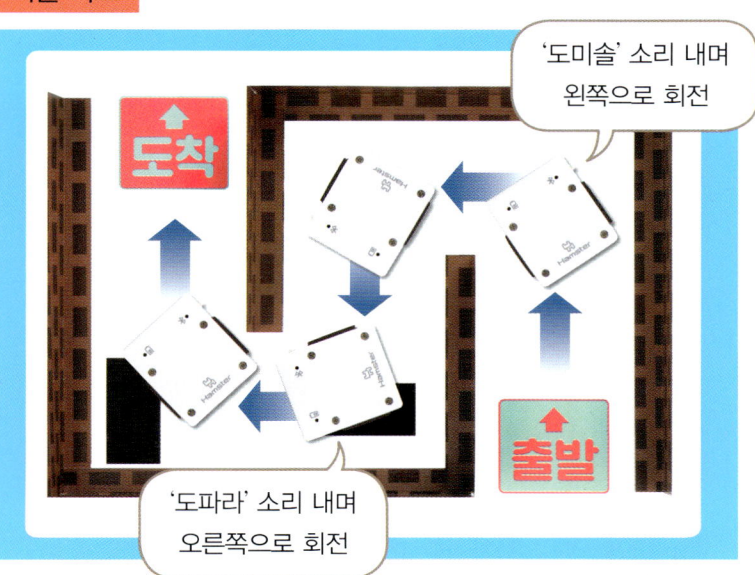

코드 완성

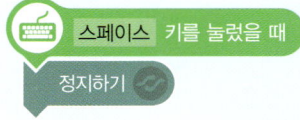

드디어 햄스터 코딩이 끝났습니다!
코딩의 매력은 상상력만 있으면
무엇이든 만들어 낼 수 있다는 데 있지요.
이 책에서 배운 것들을 토대로
더욱 멋진 프로그램을 만들어 보세요.
세상은 상상하는 사람의 것입니다!

햄스터로봇 코딩 준비물

한 장씩 뜯어서 사용하세요!

처음부터 완벽할 순 없겠죠? 포기하지 말고
수치를 조금씩 수정하면서 미션을 멋지게 해결해 보세요!

구분	앞으로 1 초 이동하기 블록을 사용했을 때	속도를 10으로 했을 때	속도를 30으로 했을 때
1초간 이동한 거리	cm	cm	cm

28쪽 2장 준비물 ❷ 미로판1

출발 ➡

30

후진

도착 ⬅

34쪽 2장 준비물 ❸ 미로판2

출발 ➡

20

후진

도착 ⬅

38쪽 3장 준비물 ❹ 도로판

도착 →

← 출발

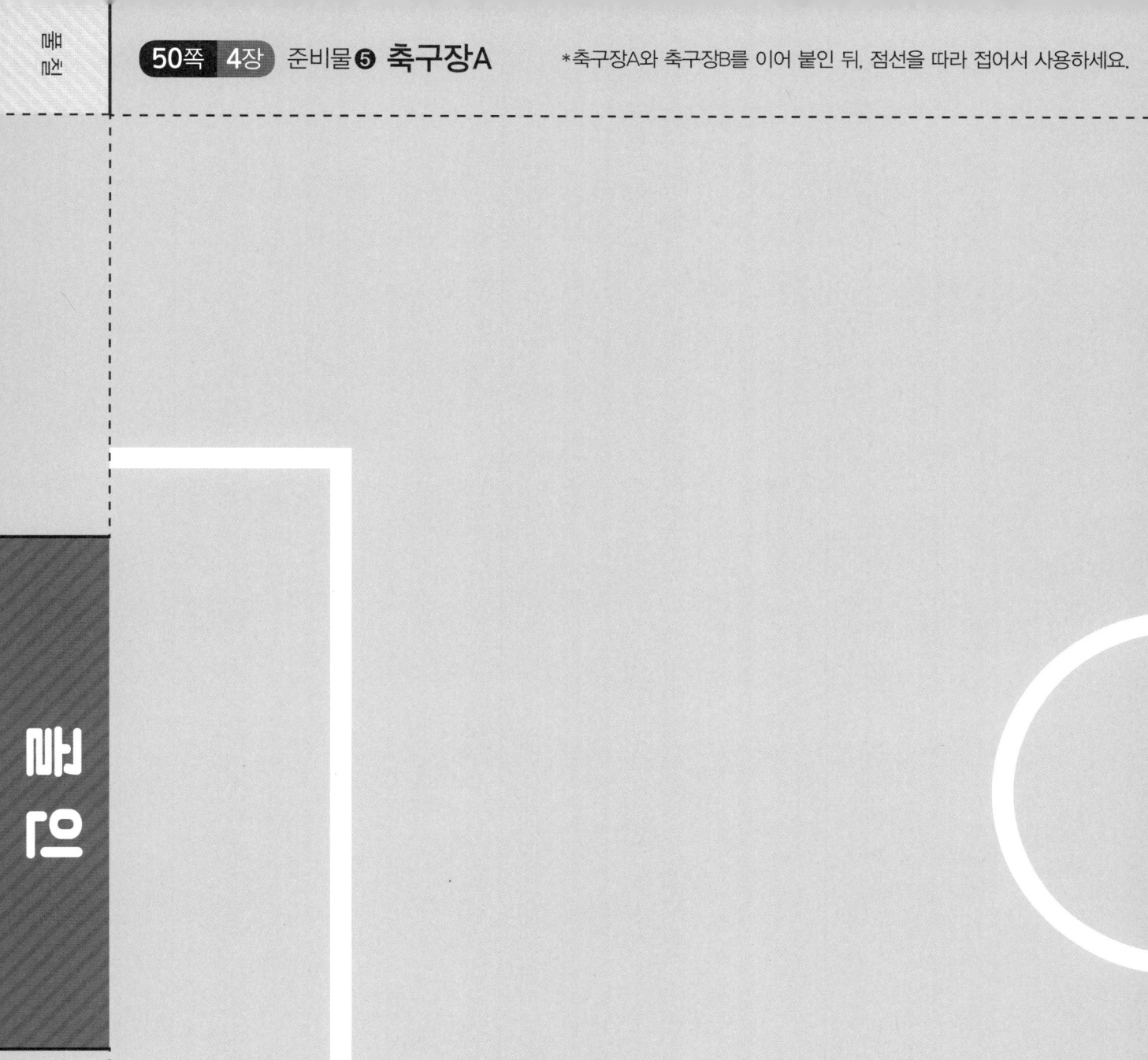

← 여기에 테이프를 붙여 축구장A와 축구장B를 하나로 이어 주세요. ←

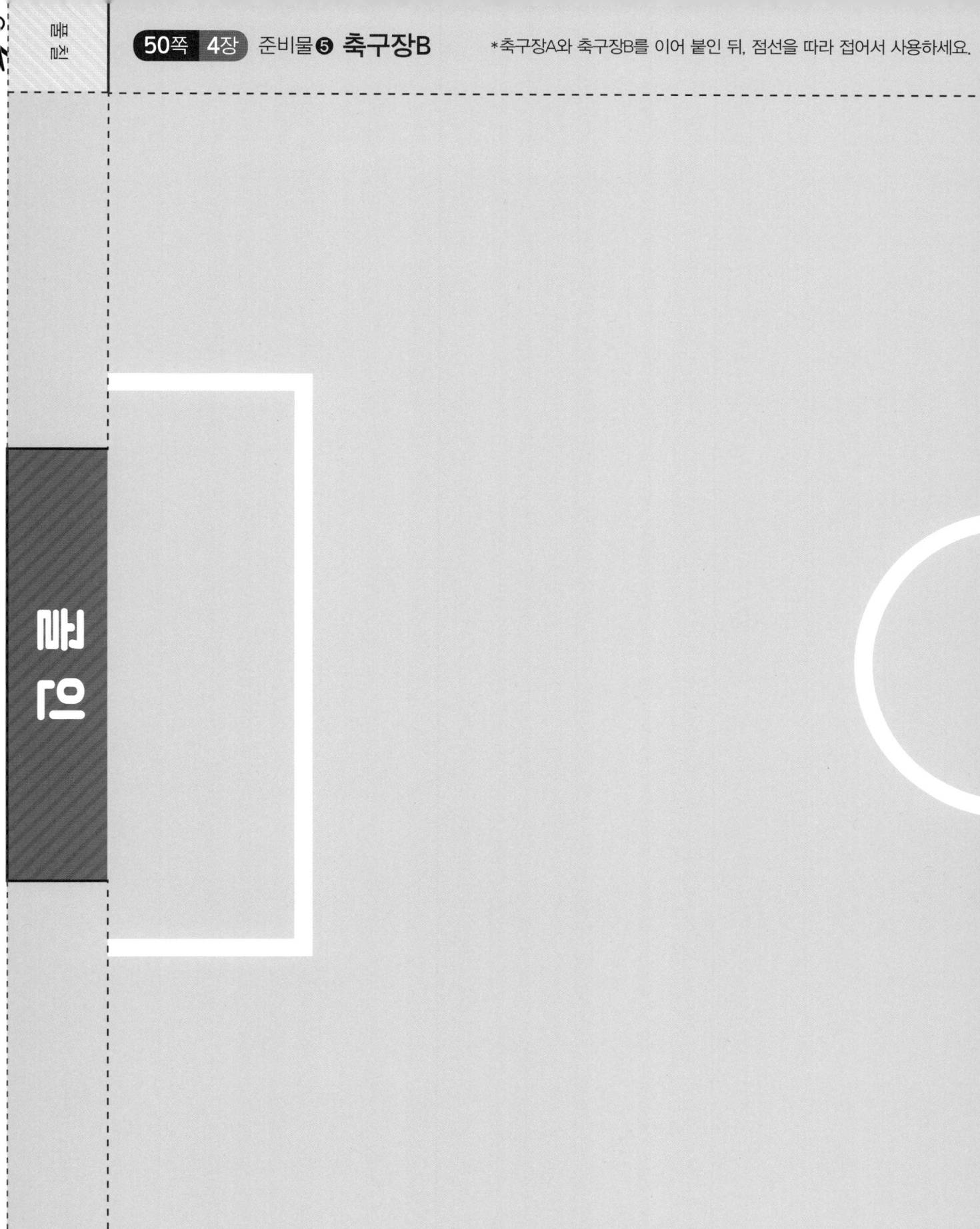

여기에 테이프를 붙여 축구장A와 축구장B를 하나로 이어 주세요.

50쪽 4장 준비물❻ 드리블 슈트

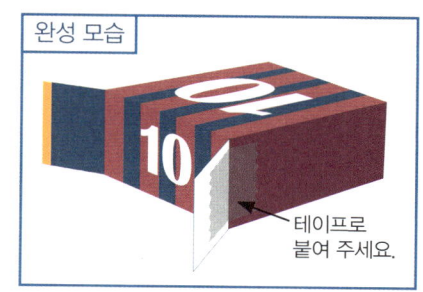

*선을 따라 오리고 접어서 사용하세요.

———	오리기
—·—·—	밖으로 접기
- - - -	안으로 접기

60쪽 5장 준비물❼ 암호표

		오른쪽				
왼쪽		빨	노	초	파	보
	빨	0	1	2	3	4
	노	5	6	7	8	9

1 ㄱ	2 ㄴ	3 ㄷ	4 ㄹ	5 ㅁ	6 ㅂ	7 ㅅ
8 ㅇ	9 ㅈ	10 ㅊ	11 ㅋ	12 ㅌ	13 ㅍ	14 ㅎ
15 ㅏ	16 ㅑ	17 ㅓ	18 ㅕ	19 ㅗ	20 ㅛ	21 ㅜ
22 ㅠ	23 ㅡ	24 ㅣ				

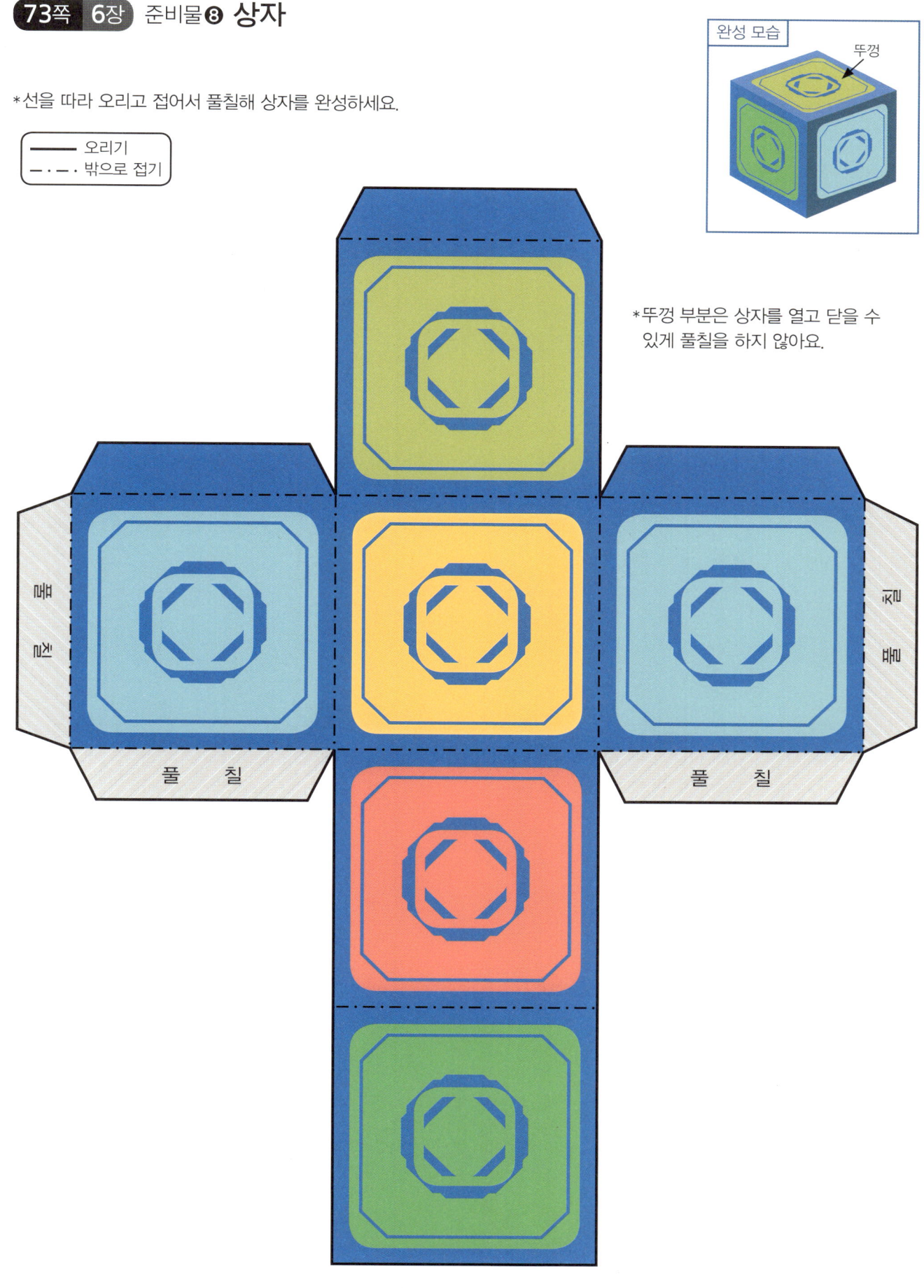

94쪽 8장 준비물 ⑩ **장애물**

*선을 따라 오리고 접어서 풀칠해 장애물을 완성하세요.

― 오리기
―·―· 밖으로 접기

완성 모습

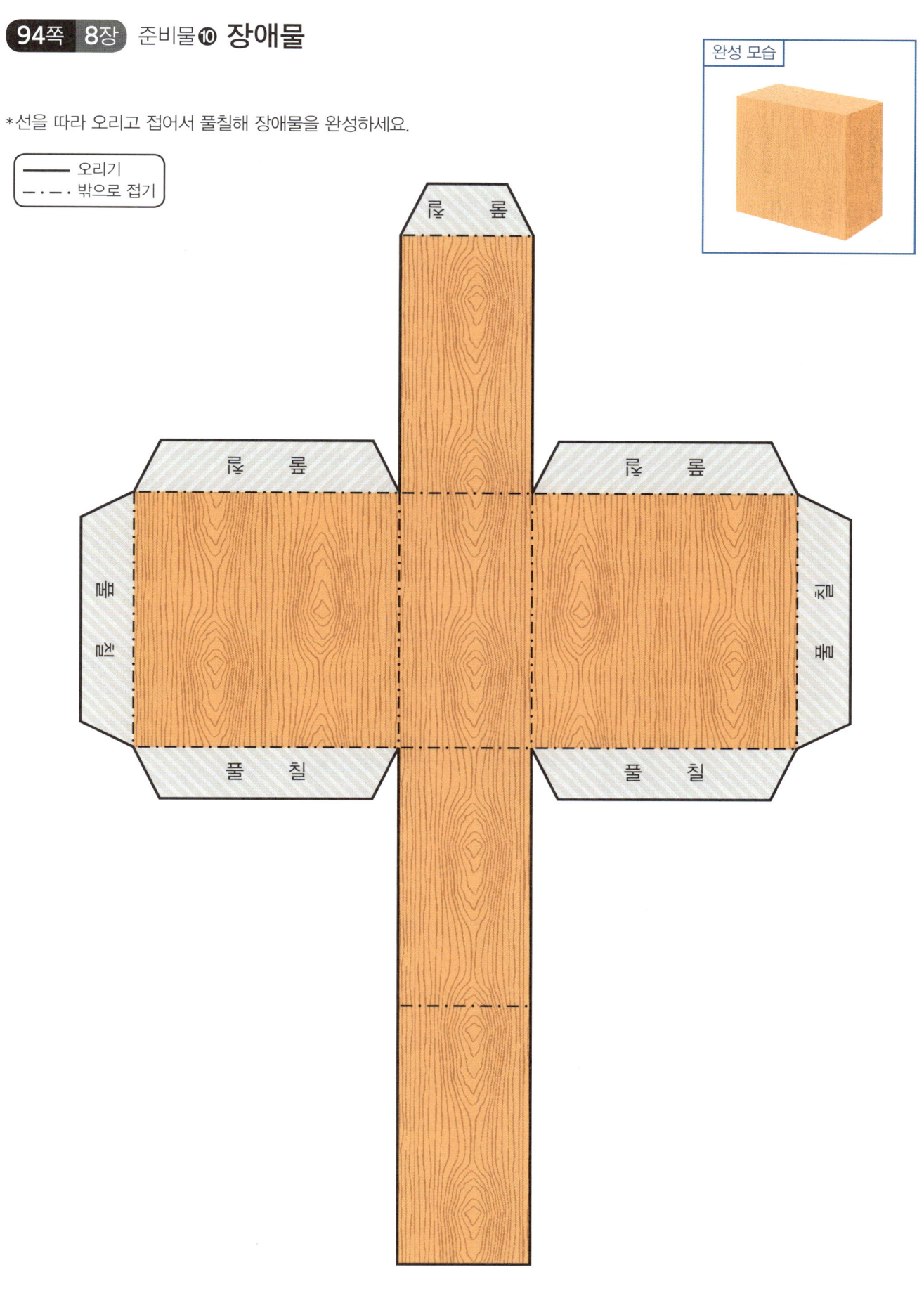

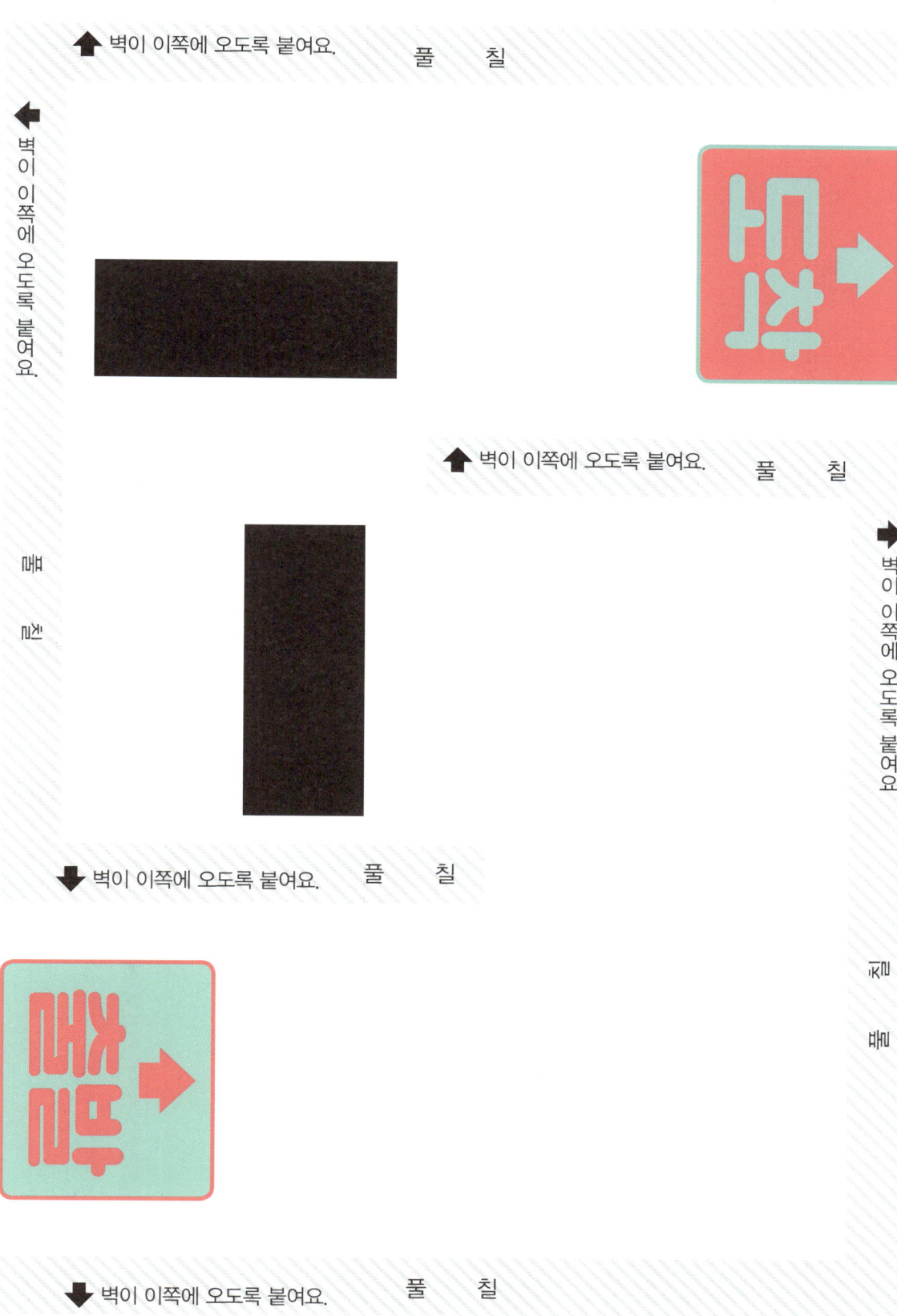

100쪽 8장 준비물 ⑪ 벽돌 미로벽

*선을 따라 오리고 접어서 미로판에 붙여서 사용하세요.

― 오리기
―·―· 밖으로 접기

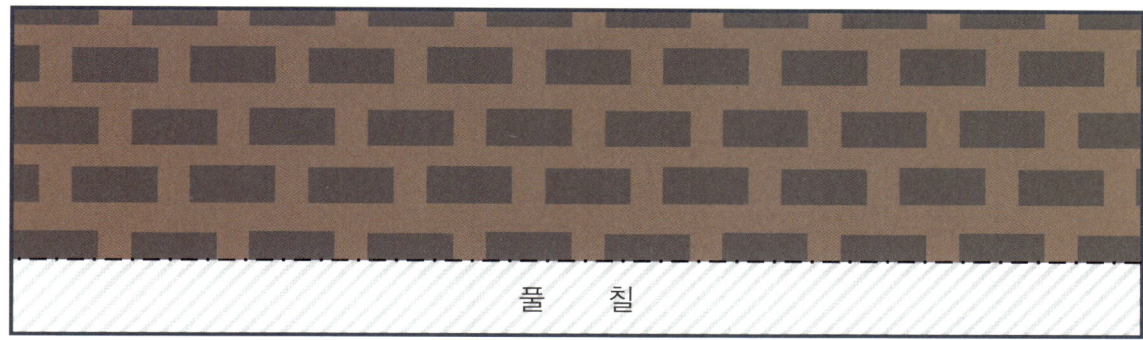

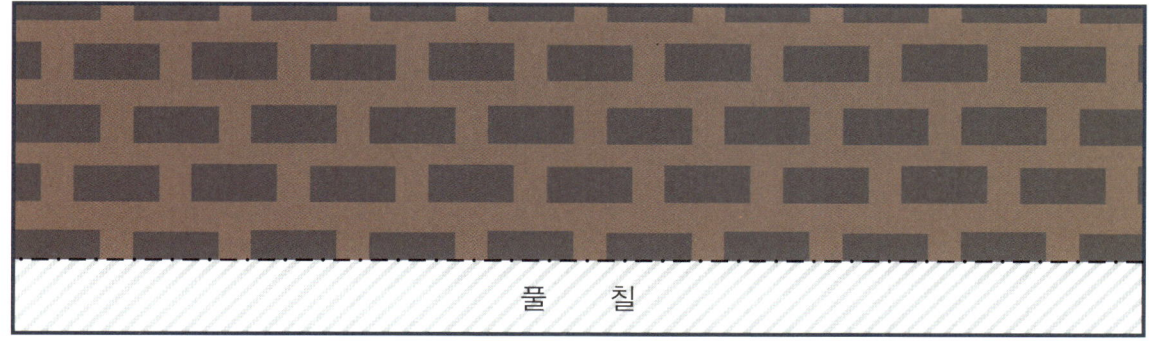

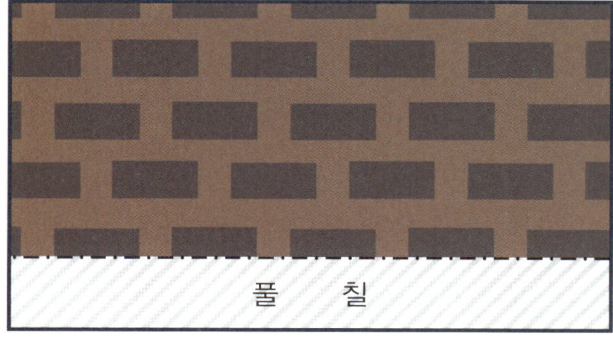
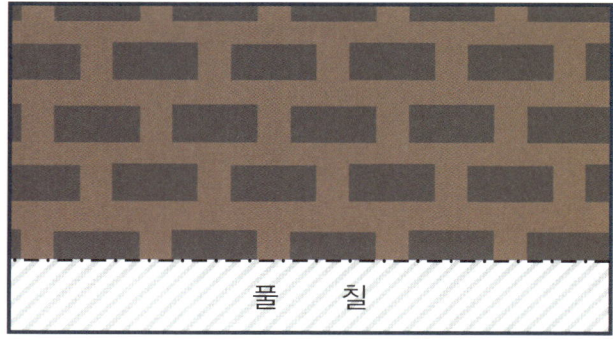